ダンドリ&管理術

仕事が早くなる!

「時間管理」「タスク管理」「資料類の整理」をレベルアップさせよう!

日本能率協会マネジメントセンター 編

日本能率協会マネジメントセンター

本書の狙い

仕事を早くこなし、
ジブン時間を
多く生み出すために、
ダンドリ術、整理術を
身につけよう!

INDEX

第1章 ダンドリを立てる／仕事の効率化・能率化を図る

第2章 時間を管理する／業務を効率化する

INDEX

第3章 机を整理する／オフィス空間を整理する

第4章 書類・資料・名刺・情報を整理する

INDEX

第5章 頭と気持ちを整理する

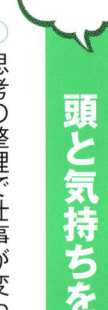

第1章

ダンドリを立てる／仕事の効率化・能率化を図る

① ダンドリの第一歩はゴールの設定

ダンドリとはシナリオ作りのこと

ダンドリとは、元々、歌舞伎の楽屋言葉である「段取り」のこと。芝居の一幕を「段」といい、その構成・シナリオのことを段取りということが言葉の由来だ。これでわかるように、仕事におけるダンドリとは目標を達成するまでのシナリオを作ることだと考えよう。

ダンドリでは、まずはシナリオのエンディング、つまりゴールをしっかりと決めておきたい。何かを始めるときに、目先のことからスタートさせてしまい、何をもって終了とするかを見失って中途半端に終わるのはよくあること。そうならないためにも、ゴールの設定が重要だ。

ゴールをしっかりと書き出してみよう

ゴールを設定する際に、目標と手段を混同しないように気をつけよう。例えば、上司から依頼された企画書を徹夜で作り上げても、企画が通らなければ意味がない。目的は企画を通すことであり、そのために企画書を仕上げることは手段だったはず。

まずは筆記用具を取り出して、ダンドリを立てたい仕事のゴールを書き出してみよう。できれば手帳に記入して、何度も眺めるようにするのがコツだ。そのことで常にゴールを意識することができ、スタート時のゴールへの意気込みを持続することができるようになる。

ゴールに向けて作業を洗い出す

ゴールを決めたら、それを実現するための手段や行動を洗い出していく。そして、戦略（Plan）→実施（Do）→点検（Check）→改善（Action）のPDCAサイクルを回すようにしよう。この作業を繰り返すことで業務の質も上がる。どんな大きな仕事も分解してダンドリすれば、恐れることはない。

実行すべき作業を頭の中だけで整理し把握したつもりでも、ヌケやモレが生じることがある。そうしたトラブルを防ぐためにも、事前に作業内容をきちんと書き出しておこう。列挙することで、備忘録として活用することができるし、次に同じような仕事をする際に流用できるというメリットもある。ゴールとなる目標を見えるところに貼り出しておくのもいい。

●ゴール設定と作業の洗い出しの例

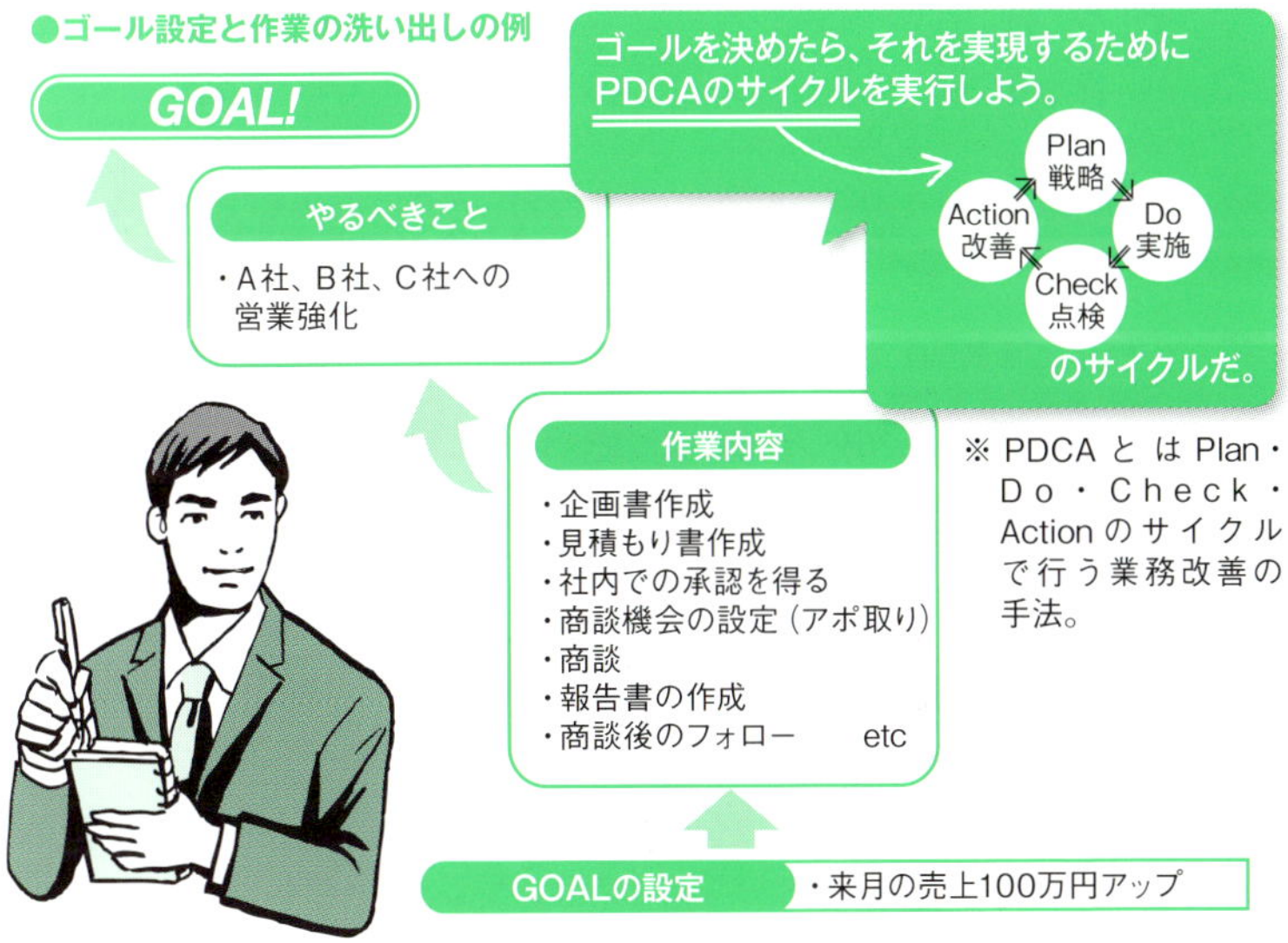
GOAL!
やるべきこと
・A社、B社、C社への営業強化
作業内容
・企画書作成
・見積もり書作成
・社内での承認を得る
・商談機会の設定（アポ取り）
・商談
・報告書の作成
・商談後のフォロー　etc
GOALの設定
・来月の売上100万円アップ
ゴールを決めたら、それを実現するためにPDCAのサイクルを実行しよう。
Plan 戦略
Do 実施
Check 点検
Action 改善
のサイクルだ。

※PDCAとはPlan・Do・Check・Actionのサイクルで行う業務改善の手法。

ここがポイント! To Do リストを作ろう

現在やるべきことを書き出したものがTo Doリストだ。作業内容を洗い出したら、その日にやるべきことをリストに落とし込もう。やるべきことをすべて書き出し、終わったらチェックしていく。頭の中が整理されてやるべきことに集中できるし、すべてチェックされた時の達成感は格別だ。

1 優先度の高いものから書く

その日の仕事の中でも、絶対に終わらせなければならない作業や、緊急度の高いものを優先して書く。

2 具体的な作業を書く

「商談」だけでは抽象的すぎてやるべきことがわからない。「A社と来期の◯◯について商談」というように具体的な内容を書こう。

3 まずは1日分を作成

To Doリストは週間、月間、年間のものも必要だが、まずは1日分を作成してみよう。その日やる仕事を、前日の退社前に書き出そう。

4 締め切りも書こう

各作業を何分で終える予定か、自分で締め切りを設定しておこう。時間管理の力が身についてくる。

5 “できれば”の作業は別枠

締め切りは先だが進めたほうがいい“できればやっておく作業”は別枠に記入し、スキマ時間で処理しよう。

4月20日
- □A社用企画書作成 1時間
- □B社営業報告書作成 30分
- □C社見積もり作成 20分
- □課長確認
- □営業部会議用資料作成 2時間
  - □市況調べ 30分
  - □前々週までのデータチェック 30分
  - □前週の売上集計 30分
  - □その他、確認など 30分
- □名刺整理

▲ To Do リスト例

ダンドリのコツ

To Do リストにふせんを活用する

仕事を終えたら剥がしてさっぱり！

せっかくＴｏ Ｄｏリストを作ってプリントアウトしたのに、急な仕事が割り込んできた。複数の仕事が割り込んできて混乱しているが、Ｔｏ Ｄｏリストを作り直すのも面倒……そんな時に活用したいのが、ふせん。Ｔｏ Ｄｏリストと同様にやるべき作業内容と予定時間を書きこんで貼りつけるだけ。終わったら剥がせばいい。

やり残し仕事を忘れない

ノートや手帳をＴｏ Ｄｏリストとして活用している場合、やり残した仕事が出てきたら、そのページにしおりのようにふせんを貼っておく。これで、やり残した仕事を翌日以降忘れてしまうということがなくなる。ふせんの数は「3枚まで」というようにルール化しておき、その枚数になったら翌日のＴｏ Ｄｏに「ふせんの仕事の処理」を組み込めば、やり残しを減らすことができる。

なお、ふせんはノートや手帳の表紙の裏にまとめて貼っておく。そうすることで、「ふせんを探す手間」自体を省くことができる。

●こんなふせんワザを使ってみよう

手帳の表紙裏を ToDo ページに
表紙裏ならすぐ開けて、今日やるべきことがすぐわかる。

「貼る場所」で仕事を管理
「今日やること」「今週やること」「優先順位の高低」「緊急案件」などで貼るエリアを決めると使いやすい。実行できなかったら貼り替え。

ふせんでメンバー管理
メンバー名の下にタスクを書いたふせんを貼れば、誰が何をしているかすぐわかる。

②ダンドリの立て方／仕事の仕分け術

仕分けをして優先順位を付けよう

仕事の時間は限られている。その中でいかに効率よく仕事をするかが重要で、仕事はダンドリに始まり、ダンドリに終わるといわれるのはそのためだ。

限られた時間で仕事を進めるためには、仕事に優先順位をつける必要がある。ここではその方法を紹介していこう。

上司や先輩に仕事を頼まれたときに、そのまま引き受けていないだろうか？　仕事は「MUST」と「WANT」に分けて考えるのが基本だ。つまり、「必ずやらなければならない仕事」と、「絶対ではないがやったほうがいい仕事」である。

まず「MUST」と「WANT」で分けてみる

「MUST」と「WANT」を分けることで、本当にその日のうちにやらなければならない仕事がはっきりする。仕事のムダやロスを防ぐためには、まず「MUST」の仕事をこなし、余った時間で「WANT」を行うのが鉄則だ。

受けた指示に対して「上司や先輩は、なぜそのような指示を出したのか」自問して、目的や意図を明確にしよう。わからなければ上司や先輩に確認すること。

「MUST」と「WANT」を履き違えて、忙しい中で一所懸命「WANT」の仕事をしていた――ということのないように、確認をしっかりと行い、ToDoリストに記載しよう。

緊急度と重要度で分けてみる

受けた指示を「MUST」と「WANT」に大別することに慣れてきたら、仕事の優先順位をさらに細かくつける方法を学ぼう。

仕事は、緊急度が高い・低い、重要度が高い・低いの2つの軸から4種類に分けることができる。

ここで最も優先すべきは、当然緊急度が高く、重要度も高い仕事だ。では、緊急度が高く重要度も高い仕事が複数ある場合はどうするか？　その時は、お客様に関わるもの、他者に影響するものを優先し、自分へ影響するものは後に回すのが原則だ。

緊急度は高いが重要度が低いものを慌ててこなしていないだろうか？　緊急度が低いうちに、重要度が高い仕事に取り組むのが、ダンドリ上手である。

●重要度と緊急度で優先順位を付ける

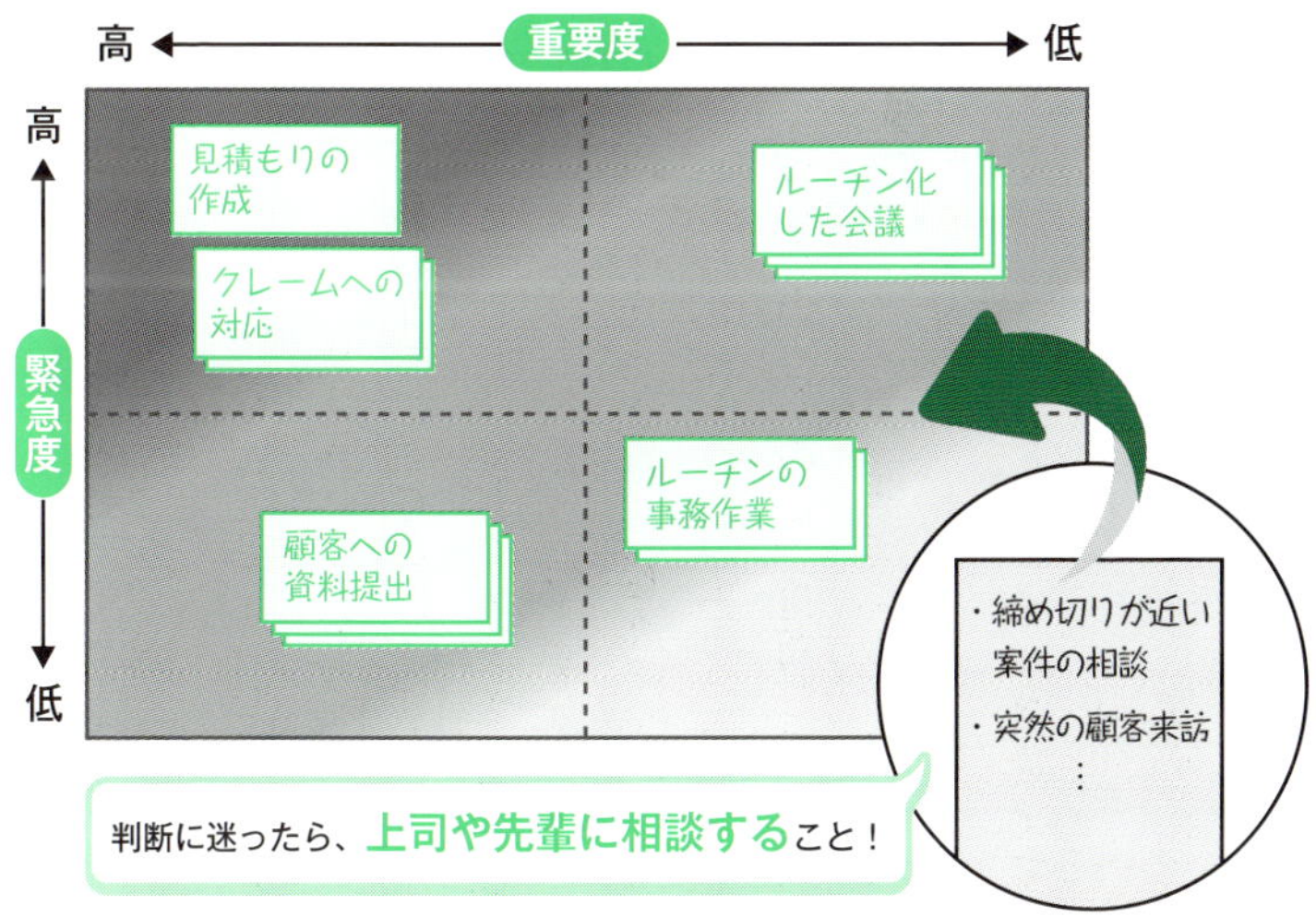

難易度と効果で分けてみる

重要度と緊急度で仕分けすれば、それでどんな場合でも優先順位がつけられるかといえば、そうはならないのが仕事の難しいところ。同じフレーム内に、仕事が集中してしまうこともある。

そんなときは違う切り口で仕分けをしていこう。これは、難易度と効果で分けていく考え方。難易度が高い・低い、効果が高い・低いという4種類だ。ここで優先すべき仕事は、難易度が低くて効果が高いもの。簡単にできるものからどんどんこなして、自分のモチベーションを高めていこう。

ここでも同じフレームに仕事が重なったら、自分一人でできるか、売上はどちらが高いか等で判断する。

●難易度と効果で優先順位をつける

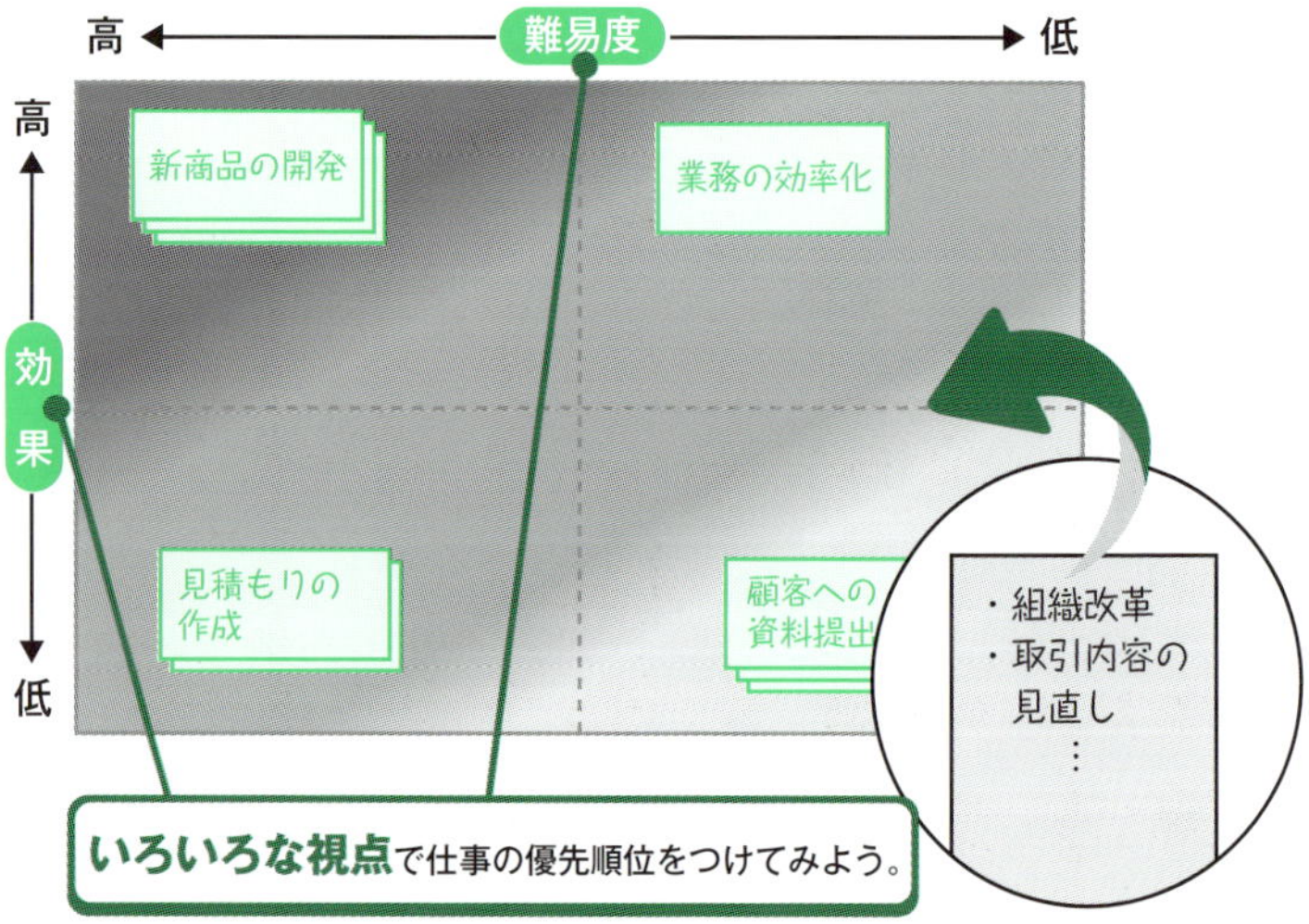

TIPS

ダンドリのコツ

優先順位が低い仕事の進め方

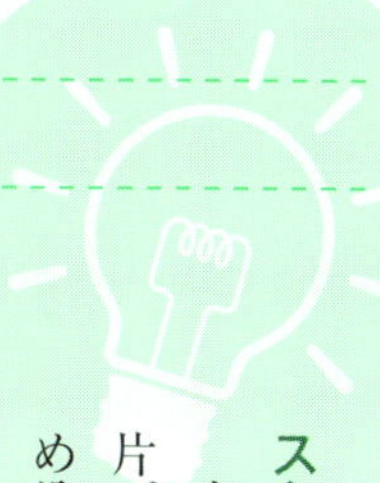

スケジュールに入れてしまう

交通費などの経費の精算、デスクの片づけ、パソコンのデータの整理、ため込んだ資料の整理などの仕事は、緊急性が低く、顧客や売上に直結する効果の面でも低い。

おそらく上司からの指示も「MUST」というよりは通常は「WANT」レベルであり、どう仕分けしても、優先順位は低くなる。

優先順位の低い仕事を進める方法は、1つしかない。月に1回でも「この日にやる」と決めて、スケジュールに入れてしまうことだ。

「処理しようと心がける」「他の仕事と合わせて片付ける」といった調子では、いつまでたっても実行できないだろう。

資料整理の日を設定

例えば、スケジュール管理をしている手帳やPCに、「資料整理の日」「データ整理の日」などを決めて、書き込む。グループウェアのように、他者と共有している管理帳に書き込むのは、特に有効だ。可能であれば、チーム全体、部署全体で月に1度、数時間でも「ため込んだ仕事を処理する時間」を設けるのもいい。

溜まった仕事をきちんと処理するには

いつ　何を　どこで　誰と
なぜ　どの位やるか

5W1Hを明確にして進める

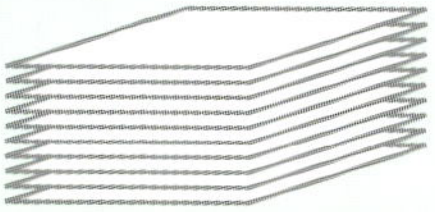

③ダンドリの立て方／時間の見積もり術

標準時間を設定する

しっかりとしたダンドリを立てたつもりでも、時間が足りなくて実行できなかったら意味がない。こうしたことは作業時間の見積もりが甘い場合に起こる。

作業時間を正確に見積もるためには、自分の標準時間を知る必要がある。何かを行う際に「いつもこのくらい時間がかかる」という目安となる時間を認識しておくと、ダンドリが正確にできるだけでなく、その時間を短縮するよう心掛けることで仕事のスピードアップが図れる。また、いつも以上に遅いと感じたときにリフレッシュ時間をとるなど、メリハリをつけることもできる。

作業時間を測定しよう

仕事に取りかかる前に、時計やストップウォッチを用意して作業時間を計測。終わったらＴｏＤｏリストの時間枠の横に、実際にかかった時間を記録しよう。そうすることで、時間がかかってしまう仕事、スピードアップしたい仕事が見えてくるはずだ。

また、なぜ想定より時間がかかったのかを追求し、原因がわかる場合はそれを改めていくことが大事だ。原因がわからない場合は、上司や先輩に相談してみてもよいだろう。自分では気づかなかったポイントや、そもそもの時間の見立ての間違いを指摘してくれるかもしれない。

初めての仕事は1.5倍で見積もる

何回か経験したことがある仕事は、標準時間と作業時間を比較することでダンドリできる。しかし、初めての仕事や第三者との調整が必要な仕事の場合、自分が思うようなペースで仕事を進められないことがある。こうした場合、**最低でも自分の想定の1.5倍の時間を見込んでおくこと**が必要だ。

自分がコントロールできない仕事に対して無理のない時間を設定していくことは、リスク管理の面からも重要。ダンドリ上手をめざすなら、覚えておきたいポイントだ。

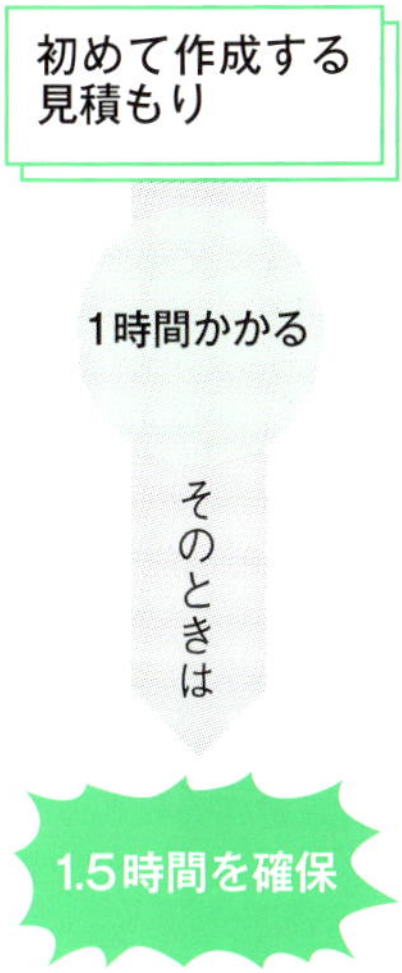

●作業時間を算出してスピードアップ

作業名	標準時間	1ヵ月後の作業時間
メールチェック	10分	→7分
メール返信	30分	→20分
書類探し	15分	→10分
パソコン内のデータ検索	15分	→15分
資料整理	20分	→15分

1 まずは標準時間を算出。
よくあるルーティンの作業などは、必ず所要時間を計測しよう。

2 1ヵ月後に再計測し、スピードアップできているか、確かめてみよう。

ここがポイント！ 「考える仕事」と「作業」を分ける

業務のスピードアップを図るには、仕事を「考える仕事」と「作業」に分けていくことが大切だ。というのは、仕事には事前にしっかり考えることでダンドリがよくなる仕事と、徹底して効率化を図る仕事に分けることができ、両者で時間の使い方が異なってくるからだ。

1 考える仕事こそ時間を確保

気持ちを集中して考える、アイデアを出すなどの時間は、仕事の価値を高める大切な時間。スケジュールの中に、考える時間を入れておくことが大切だ。

2 作業は徹底して効率化

一方で「手を動かすだけ」といった単純な作業や創造力が不要な仕事は、徹底して効率化したい。手順の見直しをしてみよう。

3 作業は自動化できないか？

名刺をスキャナーに読み込ませて自動で管理するなど、省力化できるところは徹底的に省力化する。

4 スキマに作業

簡単な資料のチェックなどは、電車の移動時間などのスキマ時間でもできる（情報漏洩には注意）。

5 メールチェックは時間を決める

1日がメールのチェックと返信で終わってしまったということのないよう、朝、昼、夕方の3回に限定するなど、メールチェックの時間を決めよう。

仕事を「考える仕事」と「作業」に分けて効率化を図る

TIPS

ダンドリのコツ

非生産時間を減らす便利なアプリ

使えるタスク管理アプリ

「toggl」は、プロジェクト、クライアントなどを登録して細かいタスクに落とし込める、仕事の時間管理に向いた高機能タイマーアプリだ。行動記録から、自分の行動および時間の使い方をグラフなどで見える化してくれる。タスクの中断・続行も可能。これで非生産時間も一目瞭然だ。iOS、Androidの両方に対応している。

他にも開始と終了を記録しグラフ化する「QuicLog」（iOSのみ）、作業にどのくらいの時間がかかるかを設定しておけば時間を見積もる「iTaskTimer」（iOSのみ）など、使えるタイマーアプリは少なくない。アプリサイトをチェックしてみよう。

非生産時間を生産時間に変える

アプリで非生産時間を計測してみると、あまりにも多いことに驚かされる。毎日忙しくしている割に成果が上がらない場合、非生産時間が多く、生産時間を確保できていないケースが多い。

とりわけ通勤時間は、生産時間にも非生産時間にもなりえる時間。ボーっとして過ごすか、本を読んで勉強したり書類に目を通すなどをするか、個人の自由ではあるが、毎日のものだけに有効に使いたい時間だ。

通勤時間が1時間なら

朝　1時間
＋
夕　1時間
＝
毎日2時間を生産時間にできる

④ 逆算で計画する 1週間のダンドリ術

週間計画を立てよう

ＴｏＤｏリストを作り、優先順位をつけた。作業あたりの時間も見積もった。そうしたら次はそれらを週間計画に落とし込もう。

週間計画は、通常は1週間の終わりに、その週の振り返りを行いながら翌週に向けて作成する。中長期的な目標に対して、今の時点での進捗を確認し、やるべきことを明確にしていく。その際に行う作業は次の2点だ。

・週間目標の策定／目標を、具体的な行動課題に落とし込む
・週間計画の立案／その週に予定されている行事や会議を並べて作業のできる時間の見通しを立てる

逆算して目標を立てる

週ごとに目標を立てるのは面倒だと思う人もいるかもしれない。だが、週間目標とは白紙の状態から立てるのではない。実際には、〝年間目標から考えて、その月にやるべき課題を想定し、その課題を達成するために行うこと〟が週間目標になる。

例えば、何かの資格を取るために年間120時間の講習を受けなければならないとしたら、月に10時間、週に2時間あるいは3時間の受講が必要になる。この時間を、どこに入れるかを検討することが、週間目標を立てる時の考え方だ。年間の目標から月間目標を、月間目標から週間目標を割り出そう。

☑予定を並べて見通しを立てる

週間計画の立案では、実際にその週にやるべき仕事を手帳やスケジュール管理表に書き込み、見通しを立てる作業を行う。仕事はウイークリーで計画し、デイリーで実行していくことを基本にしたい。そのほうがPDCAサイクルを回しやすくなる。

週間予定を立てる際、仕事を上手く進めるコツは〝いつまでにやる〟という締切日の予定を埋めていくのではなく〝いつからやる〟という着手日を想定し、予定に入れていくことだ。とりあえず着手してみると、自分の見込み作業時間が合っていたかどうか検証できる。

問題があっても週間単位の仕事の中で調整が可能だ。締切日になって作業を始め、そこでようやく見込み作業時間に合わないということが判明することのないようにしたい。

●ウイークリーで計画し、デイリーで実行

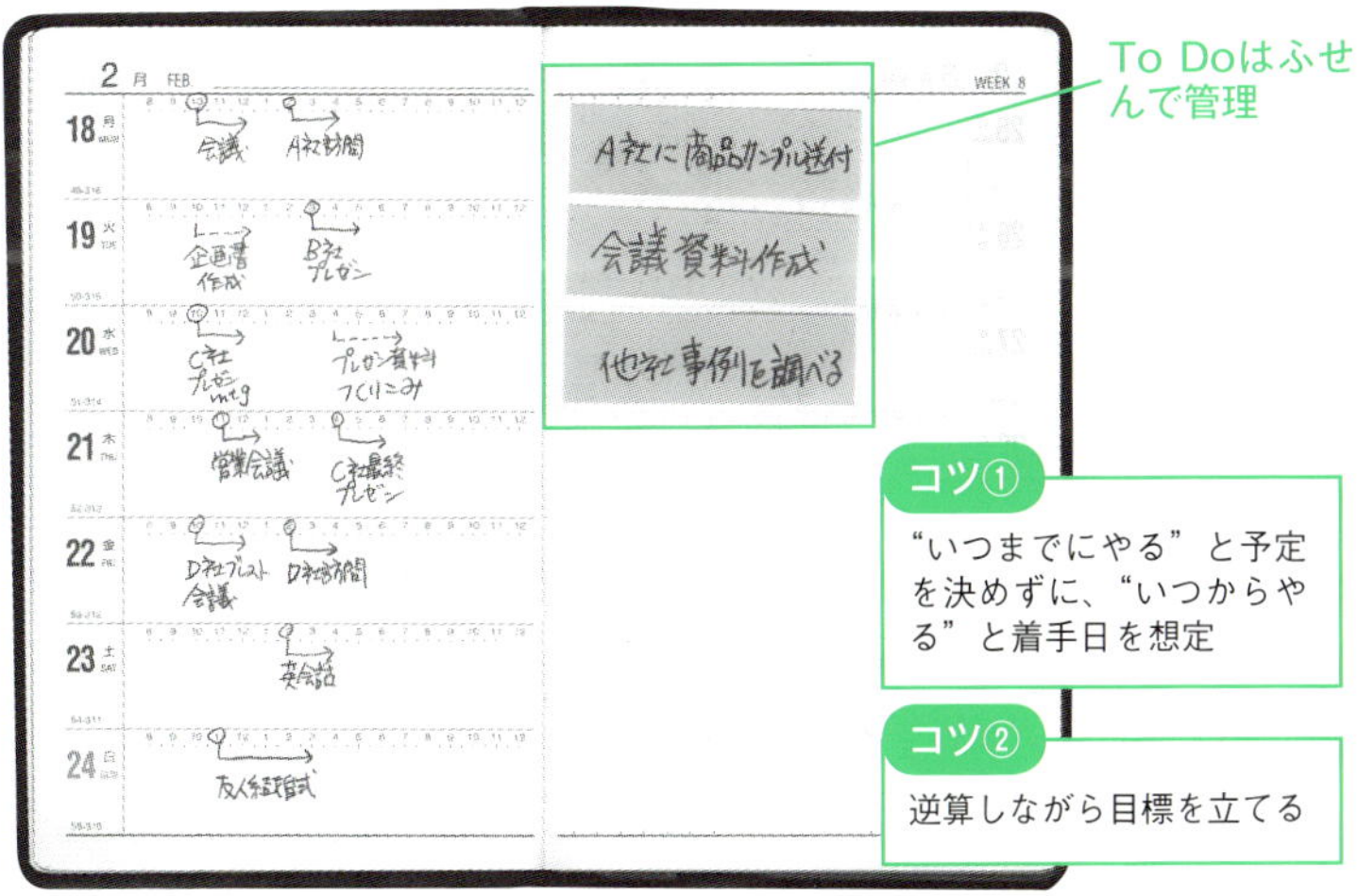

ここがポイント! 週間単位での見直しが大切

ダンドリ術の基本は、週間単位のスケジュール管理が基本だ。というのは、月間スケジュールは年間計画の進行の目安、年間スケジュールはより中・長期的な計画の進行の目安であるためだ。日々の仕事を円滑に進めるためにも、週間スケジュールの立て方の基本スキルを習得したい。

1 仕事が集中するのは月曜日と金曜日

1週間単位の作業ペースでは、週の始まりや終わりに約束や締め切りが集中しやすい。余裕がある時は、なるべく月・金以外に仕事を分散しておこう。

2 絶えず確認しよう

週間スケジュールは、少なくとも日に一度は確認しよう。締め切りや約束までの日数を常に意識することで、日々の時間管理も的確なものとなる。

3 1週間分を一目で確認

1週間のスケジュールは、一目で確認できるほうが望ましい。1週間を俯瞰できるスケジュール帳で、時間管理の感覚を養おう。

4 着手日を記入しよう

前項でも触れたが、着手日を記入することで、やる気の向上、問題発生時のリスクの軽減などが期待できる。締め切りだけではなく、着手日の記入を習慣化しよう。

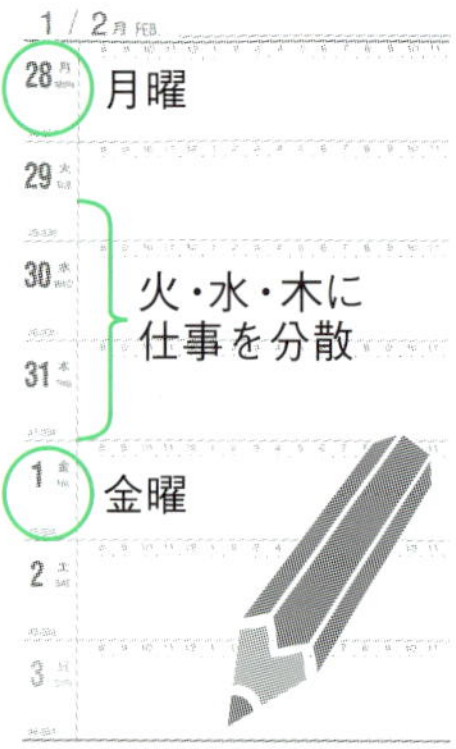

ダンドリのコツ

未来に向けた自分史を作ってみる

エクセルで作る自分史

将来の自分がまったくイメージできないようでは、仕事に置き換えた具体的な目標設定や行動への落とし込みも期待できない。5年後、10年後、30年後にこうありたいと望む姿があるからこそ、仕事のモチベーションも上がってくる。

エクセルを使って、自分が生まれた年から始まる年表を作ってみよう。年表は、区切りとして50年後でも65歳まででも、自分が平均寿命に達する年まででも構わない。

年表にはプライベートの目標と、仕事での目標、なりたい姿（自己実現）などを書き込む。仕事の部分では、目標とする年収など、なるべく具体的なイメージを書いていこう。

長期目標達成のためのライフプラン

自分史を作ることは、ライフプランを具体的にイメージできるだけでなく、長期目標から中期目標→短期目標へと逆算し、行動に落とし込むためのよい練習になる。好きなこと、得意なことをテーマに大きな目標を立てて、それを年単位まで細分化していこう。

年単位に落とした目標は、手帳に書き留めておき、そこから月、週、そして日々の行動に落とし込んでいく。

自分史	5年後	10年後	30年後
プライベートでの目標			
仕事での目標			
なりたい姿			

なるべく具体的にイメージ

5 事前にＴｏＤｏを用意 スキマ時間の活用術

スキマ時間の使い方で大きな差

どんなに有効に時間を使おうとしても、仕事と仕事の合間や、客先などへの移動中にスキマ時間ができる。このスキマ時間をどう使うかで、仕事に大きな差が出るのだ。

例えば、10分のスキマが日に3回あるとしよう。計算すると、年間で約2週間分の時間になる。2週間分の時間をまるまるムダにしてしまう人と、コツコツ仕事をする人に差が出るのは当たり前だ。

スキマ時間は、その時間を迎えてから「何をしようか」と考えても、あっという間に過ぎてしまう。日頃から、スキマにやるＴｏＤｏを考えておくとよい。

スキマ時間を想定したＴｏＤｏ

スキマ時間が5分、10分、30分、60分（急に予定がなくなると、比較的長いスキマ時間ができることもある）できたと想定し、その間にできることを書きだしておけば、スキマも有意義な仕事時間となる。

例えば、5分ならメールのチェック、10分ならメールの送・受信と週間予定のチェック、30分ならパソコンのデータ整理という具合に書きだしておき、15分、40分などのスキマができたら、それらを組み合わせればよい。慣れてきたら「10分でできること」だけではなく、企画書を1ページだけ進める等「10分でチャレンジすること」も想定してみよう。

スキマ時間を意図的に作り出す

自分はスキマ時間なんてないほど忙しいという人こそ、積極的にスキマ時間を作るようにしてみよう。探してみると使える時間は結構あるものだ。

例えば、朝はスキマ時間の宝庫だ。出勤前に手帳で1日の予定を確認する、通勤時間に語学の勉強をする、出社してから始業前にメールの確認をしておく、コピーやプリントを朝のコピー機が比較的空いている時間帯にやっておくなど、できることは多い。また、朝一番に仕事の準備をしっかりすることで時間に余裕ができ、万が一のトラブルにも対応しやすい。昼休みの前後や夕方、夜の時間にも意外にスキマになっている時間はあるものだ。

時間は、ないのではなく、自ら作るものだ。スキマ時間も、自分で積極的に作ってみてほしい。

●スキマ時間の To Do リストの例

普段からスキマ時間に何をやるか考えておこう

空き時間	できること			
5分	メールのチェック	手帳に予定を書く	デスクの清掃	グループウェアをチェック
10分	メールの送・受信	週間予定のチェック	企画書を1ページ作成	資料のコピーをとる
30分	パソコンのデータ整理	返信メールの作成	電話連絡をすませる	交通費の精算
60分	企画を考える	プレゼン資料の作成	たまった資料をファイリング	長期計画を立てる

ここがポイント! スキマ時間にはこれをやろう

「スキマ時間にできることは限られている」——そう思っていないだろうか？　スキマ時間はアイデア次第でさまざまな仕事ができる。資料整理や企画出し、メルマガのチェックにダンドリの準備、ストレッチまで、スキマ時間を生かす。そのアイデアの一例を紹介しよう。

1 紙の資料のPDF化

まとまった紙の資料をPDF化するのは、それなりに手間がかかる。スキマ時間に少しずつやって、溜めないように心掛けよう。

2 企画のアイデア出し

疲れている時などは、長い時間考えてもいいアイデアが浮かばないもの。スキマ時間を利用して、少しずつ何度も考える習慣をつけよう。

3 メルマガやRSSのチェック

普段は見過ごしてしまうようなメルマガや、各種サイトの更新情報（RSS）をチェック。スキマ時間こそ情報収集のチャンスだ。

4 次の仕事のダンドリ

溜まった資料の中から次の仕事で使う資料を抜き出し、使いやすいよう手元に置いておく。これだけでも仕事の効率が変わってくる。

5 ストレッチ

スキマ時間をただぼんやりと過ごすより、ストレッチや気分転換をして積極的に次の仕事の効率アップを狙おう。

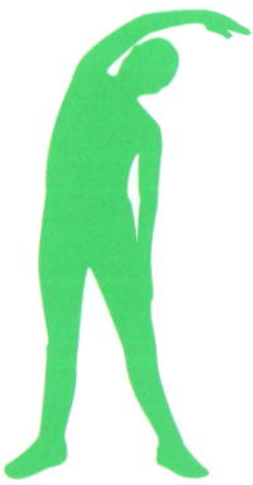

ダンドリのコツ

“ながら仕事”をつくるためのヒント

同時進行できる仕事を書き出してみる

日頃行っている仕事で、同時進行できるものはないだろうか。これを整理するには書き出してみるのが一番だ。

具体的には、まず自分がしている仕事を列挙すること。それも、可能な限り細かく書き出してみよう。そして、隣に同時進行できる業務を書き出す欄を用意する。その上で、左側の内容を検討しながら、同時にできそうな項目を探していく。もし一緒に(ついでに)できそうなら「同時進行欄」に移動、「内容欄」からは削除する。※下図参照

ここで大切なことは、「その仕事を終えたら次はどのような仕事がくるか」という後続のイメージをしっかりと持っておくこと。それにより、次のダンドリができる。

周りの人を巻き込む

自分一人でできる〝ながら仕事〟は限られている。それよりも、第三者に仕事を依頼し、同時進行で自分の仕事を進めながら、依頼した仕事の進行状況を確認する——といったやり方のほうが、より大きな仕事を複数進めることができる。

そのためには、すべての仕事を一人で抱え込まないこと。仕事を「自分にしかできない」「特定の第三者にしか頼めない」「誰にでも頼める」と分類する。

●ながら仕事にできないかを考える

内容	同時進行
□昨年度の見積もりの確認	□他部門とのコスト調整
~~□他部門とのコスト調整~~	□
□見積もりの作成	□
□課長の承認を得る	□
□先方への提出・送付	□

6 アナログのよさを生かす 手帳を使ったダンドリ術

記入時には手帳と対話しながら、自分にアポイントを取るつもりで書き込もう。

記入のポイントは4つ。1つめは予定が決まったら、すぐに記入すること。忘れたり、勘違いで間違えないためにもすぐに記入しよう。そして2つめは、気になることがあれば、すぐ見返すこと。何度も見るうちに1日の進行が把握できるようになる。

3つめは気づきを細かくメモして仕事に生かすことだ。メモはスケジュール連動で読めるので、どの段階で気づいたのか、後で把握できる。4つめは、一目で理解できるように記入する。手帳のよさは手元ですぐ情報が確認できることだ。わかりやすさがカギになる。

☑ 手帳はダンドリにおける最強ツール

手帳の大きなメリットは、アナログならではの自由さと手軽さ。時間管理、タスク管理、メモ機能、目標管理、危機管理、情報管理など、目的次第で自由自在に使え、専門知識がなくても自分用にカスタマイズできる。手帳を使いこなすことが、ダンドリ力の向上につながる。

仕事のダンドリに手帳を使う人には、1週間の時間配分を細かく記入できる「週間バーチカルタイプ」がおすすめ。

☑ ダンドリで手帳と対話しよう

ダンドリにおける手帳のポジションは、あなたのスケジューリングにおける管理人だ。

●手帳を使いこなすポイント

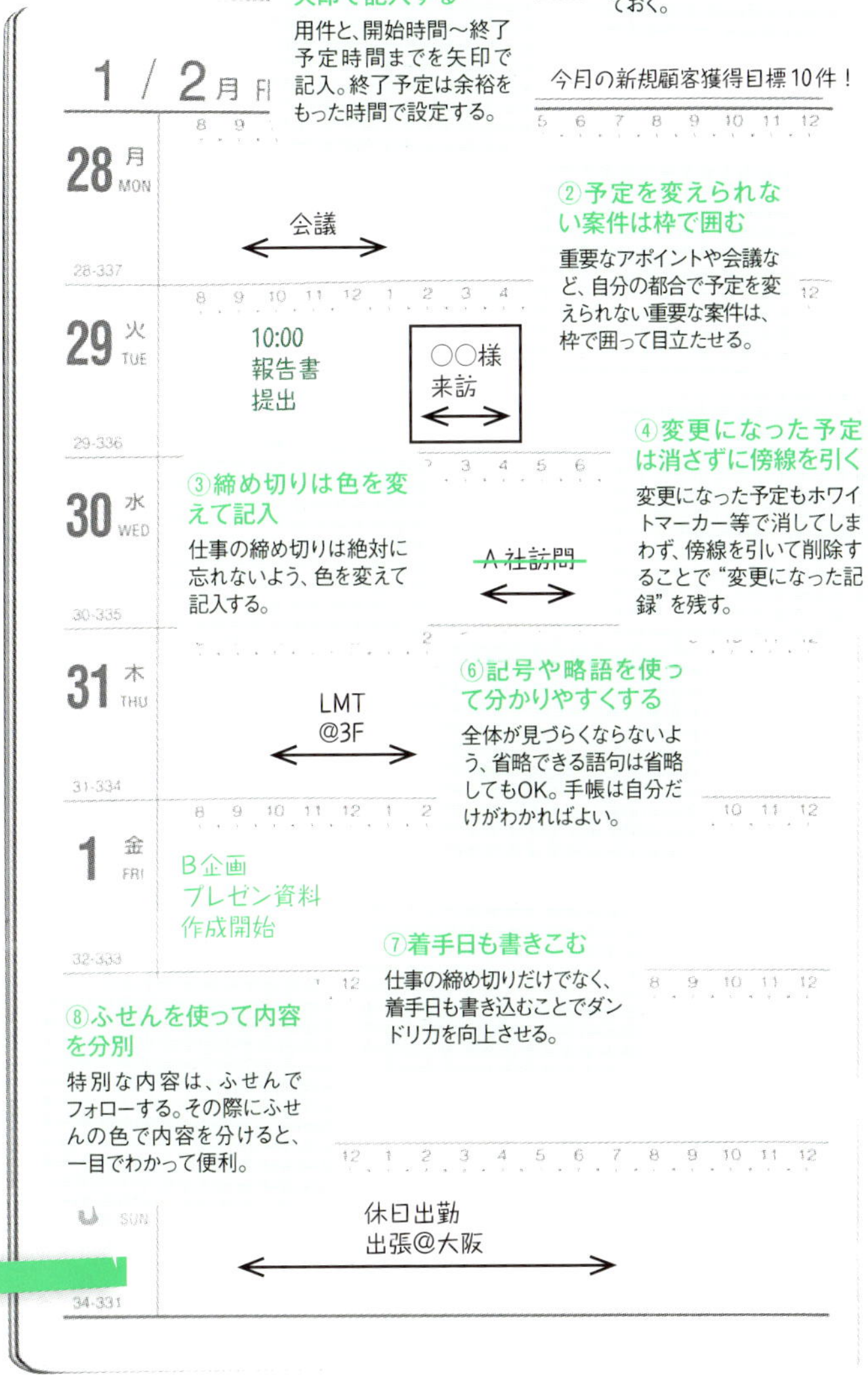

①開始から終了まで矢印で記入する

用件と、開始時間～終了予定時間までを矢印で記入。終了予定は余裕をもった時間で設定する。

②予定を変えられない案件は枠で囲む

重要なアポイントや会議など、自分の都合で予定を変えられない重要な案件は、枠で囲って目立たせる。

③締め切りは色を変えて記入

仕事の締め切りは絶対に忘れないよう、色を変えて記入する。

④変更になった予定は消さずに傍線を引く

変更になった予定もホワイトマーカー等で消してしまわず、傍線を引いて削除することで“変更になった記録”を残す。

⑤欄外に目標やタスクを記入

欄外に目標やタスクを書き込み、行動予定の確認の際にも目に入るようにしておく。

⑥記号や略語を使って分かりやすくする

全体が見づらくならないよう、省略できる語句は省略してもOK。手帳は自分だけがわかればよい。

⑦着手日も書きこむ

仕事の締め切りだけでなく、着手日も書き込むことでダンドリ力を向上させる。

⑧ふせんを使って内容を分別

特別な内容は、ふせんでフォローする。その際にふせんの色で内容を分けると、一目でわかって便利。

ここがポイント!

振り返りを習慣化する

手帳で週間計画を見える化し、仕事を実行したら、やりっぱなしにせず改善を図ること。手帳は振り返りを行うツールでもある。改善すべき点を見つけて、仕事の質を高めることがポイントだ。1日、1週間、1ヵ月、1年間と期間ごとに行動結果を振り返り、改善のために行動しよう。

1

1日の振り返り

1日単位の振り返りのポイントは、やるべきことが終わったかをチェックすること。未完了タスクがあれば、新たな予定として書き込もう。また余白に所感を書き込むことも大切だ。

2

1週間の振り返り

週間目標の達成度合いを確認する。計画と実績を見比べ、未達成や未完了タスクの原因を分析する。

3

1カ月間の振り返り

基本的には週間の振り返りと同様、月間目標とのギャップを確認する。四半期、半期など区切りの月は、四半期目標、半期目標とのレビューを行う。

4

1年間の振り返り

手帳の表紙の裏などに、仕事・プライベートを問わず年間の目標を書いておき、それが達成できたかどうかを振り返る。ただし、年間の目標は年末に振り返るのではなく、常に意識をし、その進捗を毎月・毎週確認する。

DAILY PLAN
その日のタスクの遂行状況を振り返る
メモ欄に足りていないことがあれば追記し、空いている場所にその日の所感などを書き込む
▲1日の振り返りの例

TIPS

ダンドリのコツ

ふせんを使った アイデアメモを生かす

覚えておきたいアイデアを記録

仕事中に、その仕事とは関係のないことが気になったり、突然他の案件についてのアイデアが浮かぶことがある。しかしそれを考え始めては仕事の効率が低下。また浮かんだアイデアを無理矢理消してしまうのは、もったいないことだ。

そんなときは、浮かんだアイデアや事柄をふせんに書いて手帳に貼り、一時的にその事柄は頭から追い出してしまおう。

ふせんに書く内容は、後からしっかりと思い出せるように、単語だけを書くのではなく「○○を制作する方法を調べる」といったように、とるべき行動をはっきり記入する。行動に置き換えることで、実行しようという意欲も強くなる。

アイデアメモを貼る位置を決める

せっかくのアイデアメモも、手帳のスケジュール欄の上に無造作に貼ってしまうと、貼ったこと自体を忘れてしまう可能性もある。アイデアメモに関しても自分流のルールを作ることが大切だ。

例えば、ページの右下にしおりのように少しはみ出す形でふせんを貼るようにして、それを月に1回、すべて見直すルールを作り、見直す時間をスケジュールに入れておく。少し寝かせたアイデアを、新鮮な目で見直すことができるだろう。

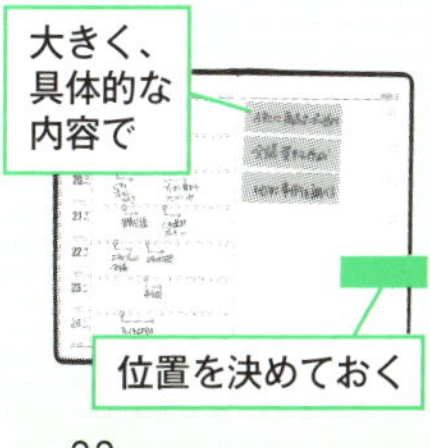

⑦ デジタル活用ダンドリ術

スマートフォンのビジネス活用

スマートフォンが、ビジネスシーンで活用されるケースが増えている。スマートフォンは、場所を選ばない、片手で操作できる、すぐに起ち上がるといった機動性の面で、ノートパソコンを上回る。とくに電車の中や移動中での使用に最適で、社内／パソコン、通勤時・移動時／スマートフォンという棲み分けができている。スマートフォンは、スキマ時間を有効活用するのに最適なツールなのだ。出掛ける前に外出先で使うエクセルやＰＤＦの資料をスマートフォンに保存し、移動中に確認するといった使い方は、従来の携帯電話では不可能だ。

タスク管理に適したクラウド

クラウドは、スマートフォンの普及が後押しして、多くの人が利用するデジタルサービスの代表格となった。ネットにつながれば新しい情報にどこからでもアクセスできるため、クラウドとスマートフォンを組み合わせれば、多くの仕事が社外でできる。

最新のタスクリストにどこからでもアクセスできるため、タスク管理でもクラウド化が進んでいる。クラウドは仕事の計画を立て、それを実行する順番に整理し、取り出してくれる秘書のようなもの。しかもそうしたサービスが数多く存在するため、どのアプリを選ぶのかが問題になる。

自分にあった管理システムを選ぼう

「GoogleTasks」「RememberTheMilk」などクラウドを使ったタスク管理サービスは、それぞれ、「タスク管理とスケジュール管理をまとめるのに都合がいい」、「仕事に加えプライベートの管理に便利」など、用途に合わせた適性や個性がある。クラウドでのタスク管理に初めて挑戦してみたい、Dropboxの資料をタスクと連動させたいなど、自分のニーズに合わせて選んでほしい。

情報はWeb上に無数にあり、無料で使えるものも多い。タスク管理のシステムは人気が高く、たくさんのサービスがあるので、実際に使ってみるのがよいが、最終的には1つに絞ったほうが効率がいい。中でも使いやすいものを選ぼう。

● Googleカレンダーによるタスク管理

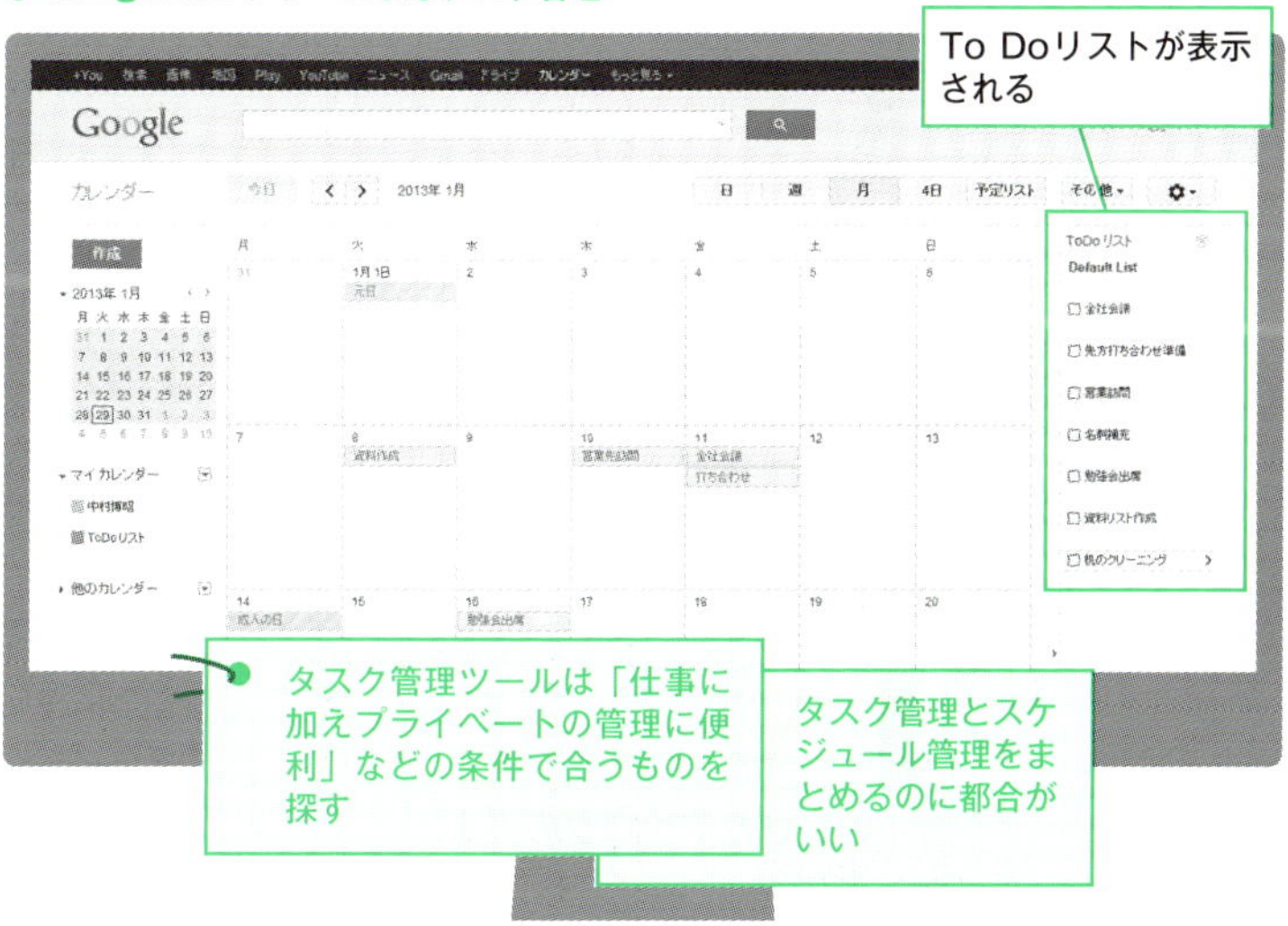
To Doリストが表示される
タスク管理ツールは「仕事に加えプライベートの管理に便利」などの条件で合うものを探す
タスク管理とスケジュール管理をまとめるのに都合がいい

ここがポイント!

デジタルとアナログの使い分け

手帳には手帳の、デジタルツールにはデジタルの良さがある。それぞれの得意・不得意を理解した上で自分の仕事にあった使い分けを心掛けることが大切だ。なお使い分ける基準は、タスクの期限や利用シーンといった切り口で考えていくとわかりやすい。

1 タスクの期限で使い分け

手帳はページ、見開きごとにまとめられる1日、1週間単位のタスク管理が得意。それを超えるものはクラウドに預けるという使い分けもある。

2 利用シーンで使い分け

デジタルツールはセキュリティの問題上、会社の中での使用に制限がかかる場合がある。そのような場合、社内でのタスク管理は手帳で行う。

3 重要度によって併用も

デジタルツールのメリットの1つはリマインダー機能。手帳を中心にタスク管理をしている人も、重要事項はデジタルを併用すれば、重要事項を忘れるリスクを軽減できる。

デジタルの良さとアナログの良さをうまく生かす

TIPS

ダンドリのコツ

ルーチンワークのデジタル活用

ルーチンワークが得意なデジタル

クラウドのタスク管理システムの多くが、タスクの繰り返し設定に対応している。書き写したり、テンプレートをコピーしたりしなくても、タスクを完了させると自動的に次のタスクが設定される。例えば、在庫管理。最後の1つに予備の注文書をつけておくことで、注文し忘れを確実に防ぐ。

こうしたルーチンワークはデジタルが得意な分野。同じことの繰り返しに労力を割くのではなく、積極的にデジタルを活用して効率化したいところだ。

週、月、年のルーチンを表示

ルーチンワークに特化したアプリもある。例えば「Daily Routine」は、毎日、毎週、毎月、毎年の単位でルーチンを作成できる。年単位のルーチンなどは、どうしても忘れてしまう可能性が高まるが、このアプリなら無論そうしたことはない。指定時間にはポップアップでのリマインダーを表示してくれる、頼もしいアプリだ。

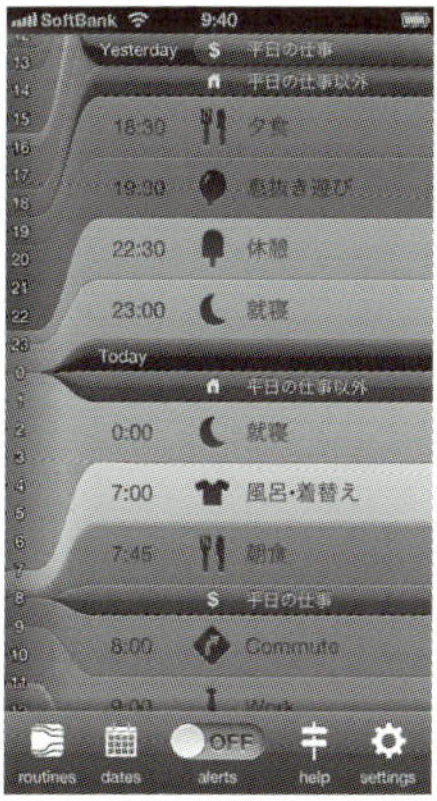

「Daily Routine」は、起床から就寝まであらゆる生活習慣を登録しておくとアラームで知らせてくれる。（iOS、Androidともに対応）

⑧ ダンドリ力を上げるセルフコーチング

自分自身のコーチングで目標達成へ

ダンドリ力を高めるには、自分自身のメンタル・コントロールが重要だ。仕事を実行する自分とは別に、「客観的に自分を見てコーチする自分」を設定し、目標達成のための行動を自らに起こさせるセルフコーチングの手法が注目されている。

例えば、目標を設定し、それを行動レベルにまで分解してスケジュールに組み込む際にも、モチベーションの源泉となる動機が必要だ。そこでもう一人の自分に「なぜその目標を達成したいのか」を問いかけることで（答えは「人から認められたい」「家族のため」など何でもいい）納得して仕事に取り掛かることができる。

セルフコーチングでなりたい自分になる

年間目標としてなりたい自分の姿を掲げても、日々の仕事に追われる中で、現実とのギャップを感じることがある。こんな時もセルフコーチングは有効だ。その時点でできたこと、やりたいことを書き出しながら、自分自身に改めて「本当にやりたかったことか」「本当に満足しているか」を問いかける。これにより、できたことを実感する、あるいは目標が高すぎた等、何らかの気づきがあるはずだ。大切なことは、なりたい自分に近づけているかどうか。セルフコーチングで少しでも前進しているかを問いかけ、自己実現に役立てよう。

他人からはコントロールされたくない

人間は、本来、他者からコントロールされることにストレスを感じるもの。自分を唯一コントロールできるのは、自分だけだといえるだろう。というのは、職場で上司や先輩から文句を言われると、どんなに正論でも（正論であればあるほど）反発を感じてしまう。なかなか素直に自分を変えられないのが人間というものかもしれない。

その時に、物事を客観視し、自分に問いかけてくれるもう一人の自分は、非常にありがたい存在だ。自分に問いかける際は「なぜうまくいったのか」「うまくいった原因が発生したのはなぜ？」となぜを繰り返すことで、本質が見えてくる。

こうした視点は、将来あなたが先輩や上司になった時にも、非常に大切なものになる。

●タイムマネジメントで自分磨きの時間を作る

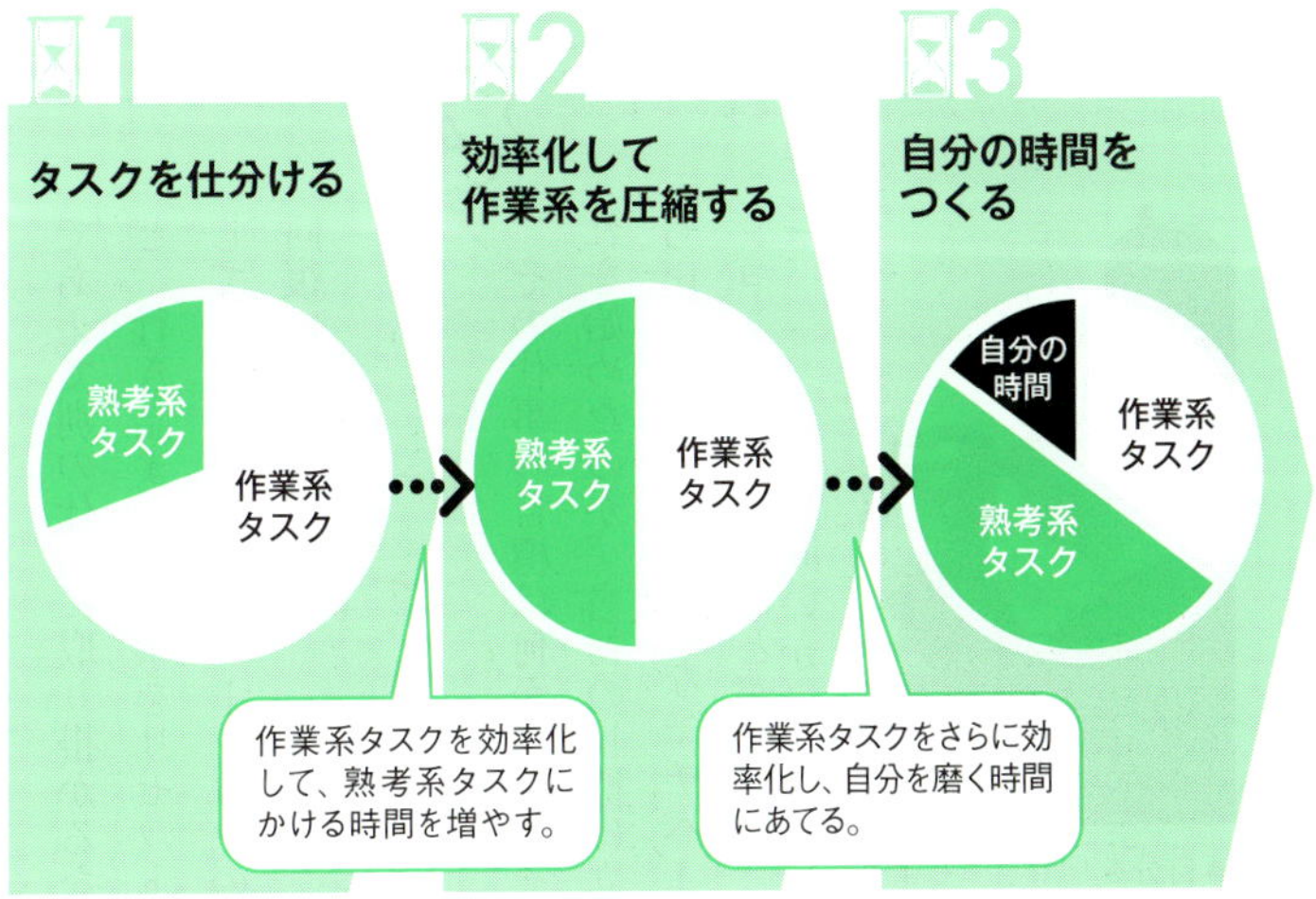
1
タスクを仕分ける
熟考系タスク
作業系タスク
2
効率化して作業系を圧縮する
熟考系タスク
作業系タスク
3
自分の時間をつくる
自分の時間
作業系タスク
熟考系タスク
作業系タスクを効率化して、熟考系タスクにかける時間を増やす。
作業系タスクをさらに効率化し、自分を磨く時間にあてる。

ここがポイント!

いかにモチベーションを保つか

ダンドリ術もセルフコーチングも、“目標を達成するために計画を立て、それを絶対に実行する”ための手法だ。モチベーションを上げて、絶えずやる気を持って仕事に取り組むことがポイントになる。では、モチベーションはどのようにして保っていけばよいのか。

1 ご褒美を設定

遊びや飲食の計画などをスケジュールに組み込む。手帳を見るたび「あと○日でご褒美だ」とやる気が出る。

2 危機感をあおる

締め切りをはっきりと示し、切迫した状況に自分を追い込む。そのためにはさまざまな視覚機能で危機感に訴えるGoogleカレンダーがおすすめ。

3 リセットする

仕事の手を止めて身の回りを整理する、締め切りを確認したうえであえて別の仕事に取り掛かるなど、行き詰まった仕事をリセットしてしまうのもモチベーションの回復には有効だ。

4 当初の目標を再確認する

その仕事の目標は何か、なぜそれを始めたのか。当初の目標に立ち戻ることで、新鮮なモチベーションを取り戻すことができる。

▲自分をリセットしよう

TIPS

ダンドリのコツ

これで気分転換！リフレッシュのティップス集

帰宅したらやってみよう！

・帰宅途中であえて寄り道
・手帳チェックは夕食前に
・ぬるめの風呂にゆっくりつかる
・アロマを炊いてみる
・ネット検索は止めて好きなDVDを見る
・「頑張った」と自分で声に出してみる
・古典を読んでみる
・寝る前にも軽くストレッチ
・自分に合う枕に変えてみる

出勤前にやってみよう！

・布団の中でストレッチ
・目覚めの水分補給
・とにかくカーテンを開け朝日を浴びる
・５分早く起きて新聞をゆっくり読む
・熱めのシャワーを首筋に当てる
・朝の大気を深呼吸
・朝食に少量のスパイスを入れる
・全身ミラーで身だしなみチェック
・通勤中は意識して視点を上に

アロマリフレッシュ

⑨ チームで高めるダンドリ力

より効率的に仕事をする

仕事は自分一人ではできない。顧客はもちろんのこと、社内で共に働くチームの皆がいるからこそ、仕事が進むのだ。ダンドリ術に関しても、自分一人のダンドリ力向上がゴールではない。チーム全体のダンドリ力を上げることで、より効率的な仕事の進め方ができるはずだ。

例えば、ある会社が採用した「朝メール」。その日の予定をメンバー全員がマネジャーにメールし、マネジャーもメールで自身の予定を全員に送ることをルール化。スケジュールの共有はもちろん、そこにコミュニケーションが生まれ、チーム改革の土台ができたそうだ。

ムダ取り会議のすすめ

どんな仕事でも慣れに従ってルーチン化してしまい、惰性で進行したりして、ムリ・ムダ・ムラが出てくる。それをチーム全体であぶり出し、必要な見直しや合理化を行うのがムダ取り会議。チームでのダンドリ力向上に、ぜひすすめたい会議だ。

例えば、週末に1週間の記録を持ち寄って、共通の業務を抜き出し、誰がどの業務をどのように処理しているかを整理。合理化できる部分はないか、知恵を出し合おう。

こうした会議では、自分達の業務の「ムダ」を判定しなければいけないため、可能であれば人事や外部の第三者などを入れて行いたい。

チームでほめあう

若手社員の意識調査で目につくのが「ほめられたい」気持ちの高まり。しかし、ほめられて嬉しいのは、若手に限ったことではない。モチベーションが計画の実行に欠かせないのは周知の通り。ダンドリ力向上のためにも、チームでほめ合う文化を作ろう。

例えば、意識して相手の長所を見つけ、チームでほめ合ってその内容を書いた〝ほめほめカード〟を貼り出し、モチベーションアップに役立てている会社がある。また、受注があるごとにオフィスで発表して、チームやフロアにいるスタッフ全員でほめ合っている会社もある。

相手をほめるためには、相手のことをよく知らなければほめることもできない。ほめ合うことは、コミュニケーションの活性化にもつながるのだ。

●ほめるためのテクニック

1 人を介してほめる
2 結果ではなくプロセスをほめる
3 利他的な行為をほめる
4 皆の前でほめる
5 皆でほめる
6 存在そのものを肯定するようにほめる

ほめられていやな人はいない。チームでほめ合えば、雰囲気がよくなり人間関係もスムーズになる。

ここがポイント!

チームの仲間に気持ち良く動いてもらう

チームで仕事をしている以上、お互いに気持ち良く働きたい。同僚や後輩はもちろん、時には先輩や上司にも、仕事上のお願いや要求をしなければならない時がある。チームの仲間に気持ち良く動いてもらうには、どうすればいいだろうか。そのコツを伝授しよう。

1 「話す」より「聞く」

頼みごとをそのまま話すのではなく、「いいアイデアはないか」、「現状、これで困っているのだが……」と話しかけ、相手に話してもらい、聞き役に回りながら依頼する。

2 短く話しかける

チームの仲間も皆忙しい。話しかける時は結論、理由、目的、方法という順で、簡潔に話す。

3 元気な挨拶、返事を忘れない

挨拶や返事は元気よく！　入社して真っ先に教わったはずだが、日々の仕事の中で声も小さくなりがち。だが挨拶や返事はコミュニケーションの基本だ。

4 上手に断る

絶対に無理だとわかっている仕事はきちんと断るのもダンドリ術。問題は断り方だ。基本は相手を立てながら断ることだ。

●結論から話す

①結論
まず結論を述べ

②理由
なぜそうなったのかを話し

③目的
なんのためかを説明して

④方法
最後にどう実行するかを述べる

TIPS

ダンドリのコツ

ミニ締め切りでチームの生産性を高める

仕事の質が向上する

仕事のダンドリを組む際に、「何を」「いつまでに」「何時間かけて行う」というだけではなく、「このタイミングで先輩に一度相談する」「このタイミングで上司に中間確認をしてもらう」といったミニ締め切りを設定しよう。ミニ締め切りを設定することを事前に相談し、ＯＫが出たら予定として手帳に書き込んでおく。

チームでルール化する

タスクが発生するたびに、ミニ締め切りの許可を得るのは効率的とはいえない。チームの会議などでミニ締め切りの意義をアピールし、ルール化を承認してもらおう。

ミニ締め切りの設定は、上司にとってもスケジュール管理、品質管理がしやすく、歓迎されるはずだ。また、チームの皆がミニ締め切りを設定し、相互に確認・相談し合うと、何でも聞きやすい風通しのいい文化が醸成されるという効果もある。

●ミニ締め切りのチェックリストをつくって活用しよう

✔	仕事内容	いつまでに	何をするか
✔	新規顧客への企画プレゼン準備	2/10	案について先輩に相談する
✔	〃	2/11	企画書を一通り完成させ、上司に中間確認してもらう
	〃	2/12	企画書を完成させる
	既存顧客へのシリーズ企画プレゼン	2/13	チームでブレスト会議を開く
	〃	2/14	有効と思うアイデア2、3案に絞り込む

ミニ締め切りを忘れずに実行するため、チェックリストをつくって手帳やノートに貼っておこう。

Column

パレートの法則を
仕事のダンドリに生かす

パレートの法則とは、イタリアの経済学者ヴィルフレド・パレートが発見した「全体の数値の大部分は、全体を構成する一部の要素が生みだしている」という法則。

ビジネスにおいても、仕事の成果がすべての作業や顧客から満遍なく上がるのではなく、偏っていることがある。その偏りから「どこに力を集中すべきか」を見極めて、効率よく成果を上げられるようにダンドリしてみよう。

例えば、売上の80％を20％の顧客から上げている場合。上得意である20％の顧客に対して、より多くの手間と時間をかけるようにダンドリすべきだ。

次に、仕事の成果の80％が、使った時間の20％から生み出されている場合。これはやるべきではない仕事をやっている証拠。思い切って、切り捨ててしまおう。

また、故障の80％が、全製品の20％から発生しているという場合。トラブルの原因が、実は一部の限られた部分に隠されているということは、よくあること。分析・検証を行うことで、表層の問題に惑わされることなく、根本原因にたどり着くことができる。この場合は故障を発生させる20％の製品に対して、対処療法ではなく根本原因を見直すことが必要だ。要は、ダンドリにおいても選択と集中が必要だということである。

第2章

時間を管理する／業務を効率化する

① 自分の仕事時間を確保する！ 時間創出術

自分が一番儲かる時間を確保する

1日8時間働くとして、8時間すべて平均的にパフォーマンスを発揮できる人はいない。仮にあなたが1日2万円を稼ぐとして（給料を日割りすればすぐに算出できる）、8時間機械のように2500円分ずつ働いているわけではないだろう。2500円分稼ぐ集中できる時間帯や、625円分しか稼げない散漫になる時間帯があるはずだ。これは会社の就業時間や自分自身の朝型・夜型などの生活のリズムと関係するので、まずは手帳を使って振り返り、自分の能率が最も上がる〝稼ぎ時〟を知ろう。そして、その時間帯に1番大切な仕事を進められるよう調整してみよう。

● 1日8時間のパフォーマンス

機械のようには働けない
効率のよい"稼ぎ時"を知ろう！

社内に〝緊急避難場所〟を確保せよ

自分の稼ぎ時を公開し、邪魔をさせない環境を作っても、急ぎの仕事は入ってくる。それが本当に重要な仕事で、かつその重要性を説明してくれるような上司や先輩ばかりなら、問題は起こらないはず。中には〝今でなくてもいい仕事〟を自分の都合で振ってくる人もいるから、困る。

そういう時のために、ノートパソコンを持って移動できる、第二のデスク〝緊急避難場所〟を社内に確保しておこう。空いている会議室、休憩室、資料室などが仕事をしやすい。携帯電話を持っていき、Dropboxなどクラウド上に資料を上げておけば、ほぼ自分のデスクと同様に仕事ができる。ただしあくまでも緊急避難用であることと、事前に上司の了解を得ておくことを忘れずに。

●手帳の1週間の欄の例

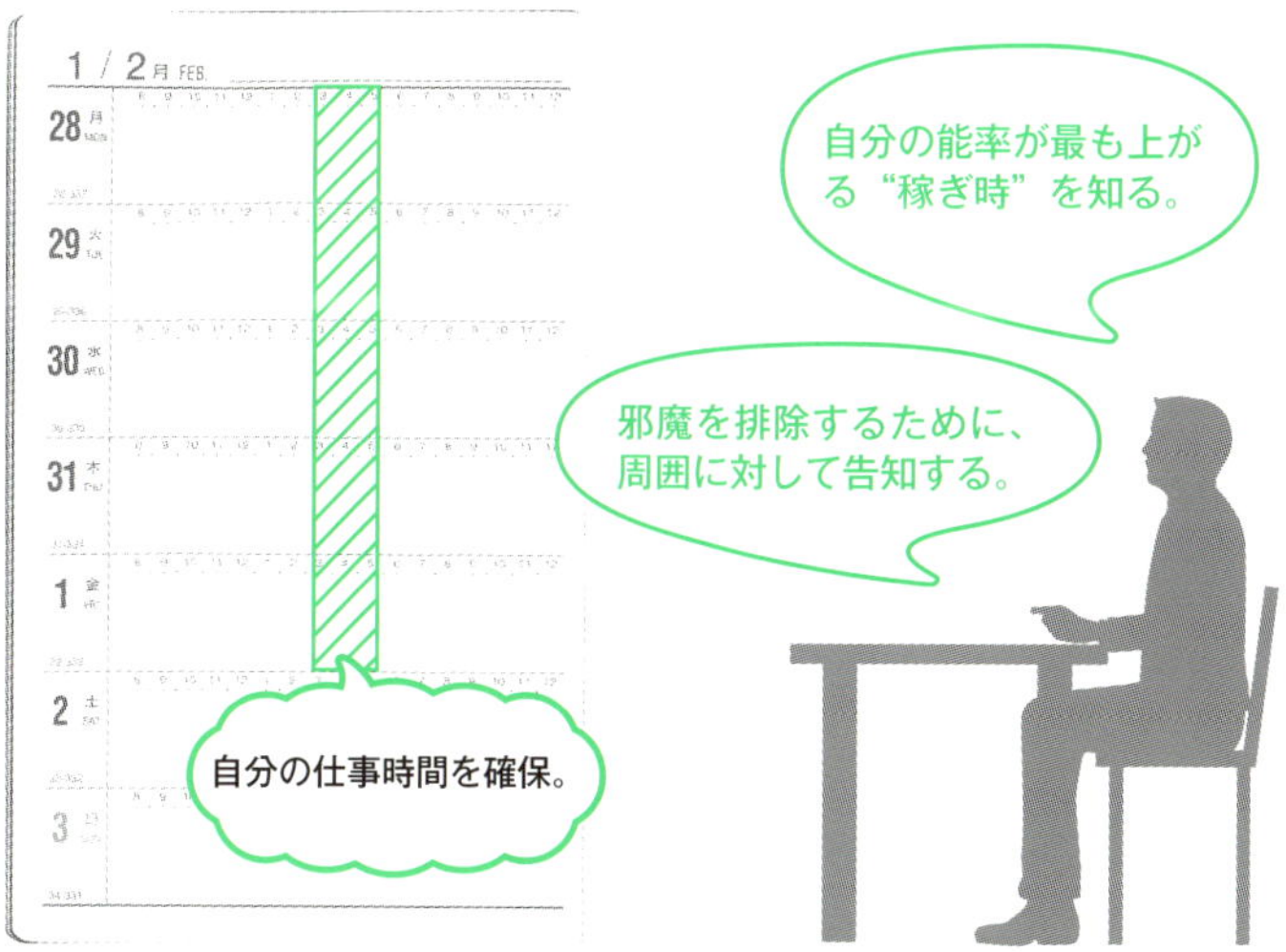
1 / 2月 FEB.
28
29
30
31
1
2
3
自分の仕事時間を確保。
自分の能率が最も上がる“稼ぎ時”を知る。
邪魔を排除するために、周囲に対して告知する。

ここがポイント！　稼ぎ時にやる仕事を決めよう

1日の内で自分の仕事力が最も高まる、稼ぎ時。ここで名刺の整理などをしていては、もったいない。1週間の稼ぎ時に何をやるか、前週の終りには、手帳に予定として書き込んでおこう。変更があれば、二重線で消して（消しゴムやホワイトペンでは消さない）、予定を変えれば済む。

1 集中力が必要な仕事

重要なプレゼンの資料や見積もりの作成など、集中して取り組みたい仕事を優先的に稼ぎ時に入れていこう。

2 大事な商談も極力調整

商談の日時は、自分の都合だけでは決められない。ただし、極力、自分の脳が最も活性化するタイミングに調整するべし！「○○日の○時か、○○日の○時はご都合いかがでしょうか」と自分の日程に合わせてもらうトークをしよう。

3 ルーティンワークはやらない

交通費の清算、メールの確認、資料や名刺の整理――そんな作業に、ゴールデンタイムを使ってはもったいない！

4 アイデアが必要な仕事

企画書の制作などアイデア出しが必要な仕事も、頭が冴えた時間に進めないと、ムダに唸って時間を浪費してしまう。

5 創造力が必要な仕事

商品開発や企画作成など、創造力が必要な仕事も、自分のベストな時間帯に集中してやっておきたい。

ダンドリのコツ

最後は人の時間を買う
アウトソーシング

自分の時間は買えないが人の時間は買える

自分の時間を、お金の力で1日25時間にすることはできない。しかし、お金を払うことによって、人の時間を使って自分の仕事を手伝ってもらうことはできる。

「本来は自分がやってお金を稼ぐべき仕事なのに、お金を払って人に頼むなんて……」と抵抗がある人もいるだろう。だが、自分で抱え込んでその仕事を完成できない、結局上司や顧客に迷惑をかけて信頼を落とす。長期的に見れば、そのほうが損失が大きいことも多い。例えば、1000万円の商談に遅刻して台無しにするのなら、1000円出してタクシーに乗って時間を買ったほうがよい。

依頼は納期・金額・ゴールをはっきり示す

アウトソースする場合のポイントを説明しておこう。

社外の人に仕事を依頼する場合に重要なことは、納期、金額、その仕事のゴール（目的と、完成したといえる要件について）をはっきりと示すことだ。金額や納期は事前に示しておかないと、後でトラブルになる可能性もあるから注意しよう。

また、何をもってその仕事を完了とするかを明らかにしておかないと、発注・受注双方がムダに疲弊してしまう。

仕事は時間をかけようとすれば、いくらでもかけることができる。それを限られた時間内で、どのレベルまで持っていくか、事前の取り決めが必要だ。

②時間泥棒のメールとうまく付き合う方法

送受信のルールを決める　その1

メールは、受け手の都合に関わらず届く。届く度に読んで、返信していたら、自分がやるべき作業が進まないのは当たり前。そこで、メールの送受信に関するルールを決める。いくつか紹介するので、自分に合うルールを取り入れてみてほしい。

・メールチェックは日に3度

朝、昼、夕方の3回、メール確認の時間を設け、それ以外はメールを見ない。急ぎの用件をメールだけで送るのはビジネスマナー違反なので（大抵は電話、あるいはメール＋電話）、日に3回確認すれば、実際はほとんど困ることはない。

送受信のルールを決める　その2

・優先順位の付け方を変える

昼にメールを確認したら、20件のメールが届いていたとしよう。それらをチェックするときの優先順位の付け方を工夫してみよう。優先順位の付け方は、一般的にはクライアント、上司、同僚からのメールの順。しかしここで視点を変えて、新しいメールから対応してみる。日に3回のメールチェック方式では、最初のメールが届いてから返信するまでにどうしても多少の間隔が空くため、急いで対応しても相手に与える印象に大差はない。だが5分前に届いたメールに返信すれば、その相手には反応の速さを印象づけることができる。

メールの件名で対応が変わる

自分のメールを相手に優先的に開封してもらうためには、件名が重要だ。

件名には「○月○日の打合せの時間変更について」のように

・いつの用件か
・何の用件か
・どうしたいのか

を組み合わせて内容をはっきりと示す。それによって相手は「このメールは重要だ」と判断することができる。

反対に、やってはいけない件名の付け方の代表は「よろしくお願いします」といった、受けた相手が何をすればいいのかまったくわからない件名。場合によっては、スパムメールと間違われる可能性があるので絶対にやめよう。

●1日のタイムスケジュール

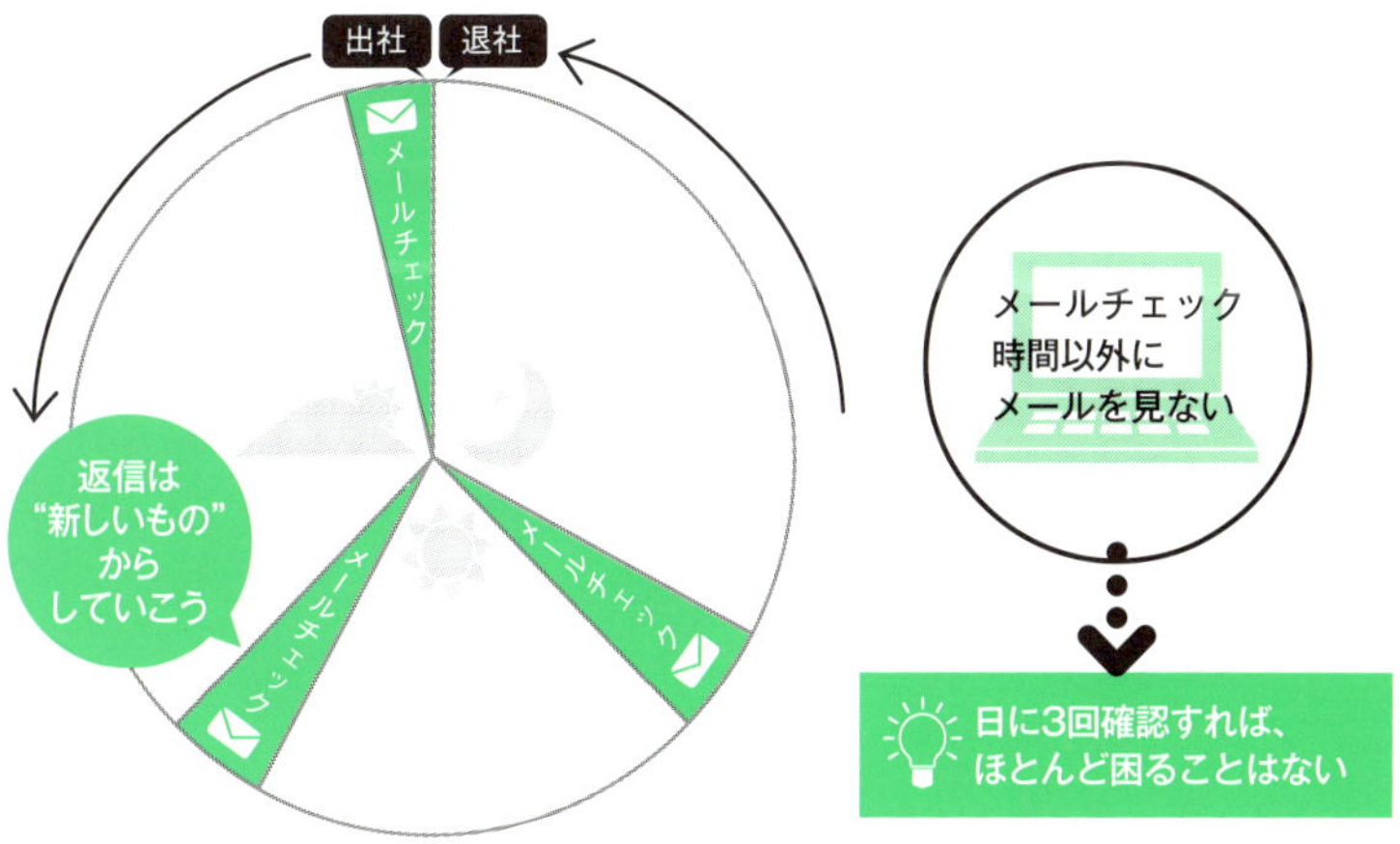

ここがポイント!

まだまだあるメールのルール

その人に合ったメール管理術は、職種や使用しているメーリングソフトによっても異なる。ビジネスの現場では、もはや電話よりもメールでのやり取りが主流。自分にあったメール管理術を身に付けられるかどうかが、その人の仕事の効率を大きく左右する。

1 メールは2度見ない

100通のメールの半分を先送りすると、次回、再度メールを読むことに、都合150通分のメールを読むのと同じ手間がかかる。

2 基本は即レス

メールの返信が速いほど相手は喜ぶ。基本は、即レスポンス。しかし、それではメール対応に追われてしまう。許容範囲の目安は〝2時間〟と覚えておこう。

3 いらないメールは即捨てる

どうせ読まないメールマガジン、一応連絡は来たが自分には関係がないメーリングリスト……そう判断したら、思い切って即、捨ててしまおう。

4 バックアップをとろう

メールは重要な仕事の記録。メインのメールアカウントをGmailに登録しておけばバックアップとして便利。

5 フォルダ分けしすぎに注意

仕分けのフォルダを増やしすぎて、どこのフォルダに入れたか探す位なら、フォルダはシンプルにしてさっさと検索機能を使おう。やりすぎは禁物だ。

TIPS

ダンドリのコツ

すぐ使えて便利なメール用テンプレートを作ろう

下書きを使ったテンプレート作成

毎回、同じような文面を一から作成していては効率が悪い。ここはテンプレートを活用して、効率アップを図ろう。

具体的なテンプレートの作り方はメールソフトによっても異なるが、自分が使っているメールソフト名と「テンプレート作成」で検索すれば、作成方法を見つけることができるだろう。好きな方法を使ってみてほしい。

ここでは、ほとんどのメールソフトにある下書き機能を使った簡単なテンプレート作成法を紹介しておこう。

テンプレートの作り方

①新規作成で、ひな型となるメールを作成

よく使う文面、署名などを書き込む。

②作成したひな型を下書きフォルダに保存

ひな形のパターン毎に、わかりやすい件名を付けておく。

③テンプレートを取り出して使用

使うときに、下書きフォルダから取り出してメール作成画面を開き、案件に合わせた追加や修正をして、使用。

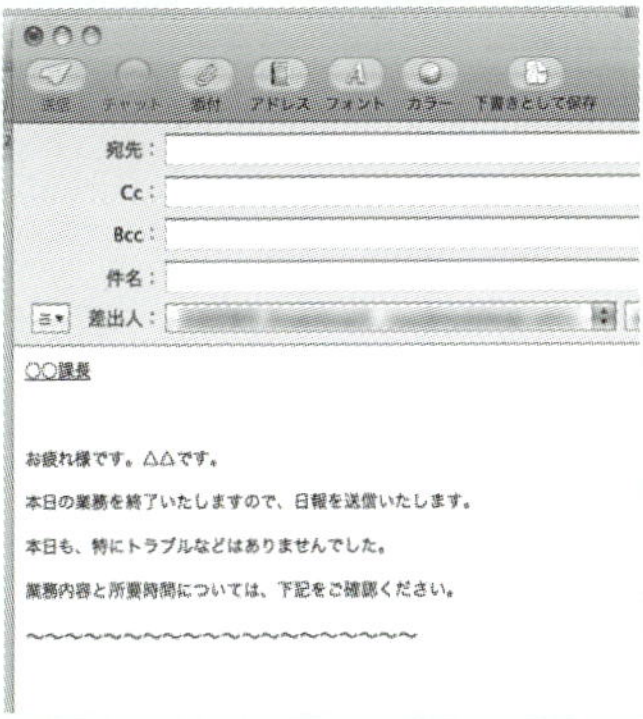

テンプレートで効率アップを図ろう

③ 15分単位のブロック時間活用術

時間を細分化する

「今日は午前中に企画書を作成して、午後からはお客様の所に行こう」――こんなふうに、1日の仕事に取り掛かる前に、ざっとダンドリを思い浮かべる人は多いだろう。この〝ざっとしたダンドリ〟を、もっと細かく組立てて仕事の効率化を図ってみよう。

ピーター・ドラッカーは「理想的な仕事時間は90分」としている。これは、集中力の持続の面からも、納得がいく。しかし、仕事の効率化を目的にした場合、90分という単位では、まだ長い。1つの仕事をする目安としては1ブロックを15分とするのが最小単位だろう(5分、10分はスキマ時間と考える)。

なぜ1ブロック15分か

15分という長さであれば、決して集中力が途切れることはない。メールの送・受信、ちょっとした資料の確認、1枚の依頼状の作成など、できることはいろいろある。

「いや、会議も企画書制作も、15分ではできないことばかりだ」というのは、その通りだが、すべての仕事を15分でやろうということではない。例えば、本項冒頭の〝午前中に企画書を作成〟というざっくりしたダンドリを、1時間を15分のブロックで4分割し、午前中(9時～12時)という大きな枠を12ブロックと考え、最初のブロックで企画書作成の準備、次のブロックで……と細分化してみよう。

15分ブロック分けの利点

細分化して計画すると、昼までにやるつもりだった企画書作成が実は午前11時30分には終わりそうなことがわかったりする。その場合、大枠の計画に沿ってダラダラと進めていたら30分もムダ遣いしてしまうところを、他の仕事やリフレッシュに回すことができる。

反対に、15分ブロックで進めていると、途中で時間が足りないと気づくこともある。その場合でも、15分刻みでペース配分していれば、昼の12時の間際になって「できない！」と気づくのではなく、早い段階で「この分だと間に合わないかもしれない」と気づくことができる。その段階で、午後の仕事を見直す、応援を頼むなどリカバリーすることができるのだ。

●午前中の予定を15分刻みにする

時刻	作業予定	実際の終了時間
9:00〜9:15	メール確認	→9:12分
9:15〜9:30	企画書１ページ分	→9:25分
9:30〜9:45	企画書１ページ分	→9:40分

エクセルで自分で表を
作ってもいいいし、
手帳の目盛りをカスタマイズ
して細分化してもOK!

小区切りを15分
大区切りを90分
で考える

ここが
ポイント!

大切なのは時間の細分化

ここでのポイントは、「仕事の単位を 15 分に設定すること」ではなく、「大きな仕事を細分化して時間管理すること」にある。だから、15 分ではあまりにも短すぎるという人は、30 分／1ブロックにしても構わない。要は細分化した時間を、目的意識を持って管理するということだ。

1 漫然と1時間を過ごさない

バタバタしていたら、あっという間に1時間が経ってしまったということがないように！

2 目的意識を持つ

15分ないし30分でできるか・できないかよりも、「この時間はこれをやり遂げる」という目的意識を持つことが重要！　一方で「手を動かすだけ」といった単純な作業や創造力が不要な仕事は、徹底して効率化したい。

3 ムダな習慣を発見できる

ルーチンワークには、ムダな習慣もルーチン化されていることがある。単位時間で区切って見直すことで、ムダな習慣を発見できる。

4 無謀な仕事の判断ができる

上司や顧客に言われるがままに「やってみます」とだけ答えていたような仕事。できるか、できないか、細分化すれば事前に目途が立つ。

5 スキマ時間を作りやすい

仕事をブロック単位で細分化すると、スキマ時間ができる。積極的にリフレッシュしたり10分だけデータ整理するなど、普段やれないことが少しずつできる。

TIPS

ダンドリのコツ

意外にアナログ時計は便利
時計やタイマーで時間管理

自分の時間は自分で管理

かつての職場には、新人の横でストップウォッチを持って立っている先輩社員を見ることができたが、今時そんなにヒマな上司や先輩はいない。自分の時間は自分で管理しよう。

リマインダーのアラートを設定しておけば単位時間になったことがすぐにわかるが、15分毎にアラートを響かせては周りも迷惑。アラートはひと仕事終えるタイミングの大きな区切りに設定し、15分ないし30分といったブロック毎の時間管理は、無音状態にしたタイマーを設置するなど、合わせ技がおすすめ。

アナログの時計でもOK

もちろん、時計を見て時間を管理するのでもOK。ただし、作業場の大きな時計は何度も何度もチラチラ見ていては却って集中できないので、卓上の小さな時計を用意したい。PC画面の隅に出ている時刻表示でもよいが、その場合、デジタル系の時刻の数字のみの表示ではなく、アナログ系の針を模した表示に変えておくこと。それによって、15分という小さな区切りの中でも〝あと何分残っているか〟が一目でわかる。

それによってより細やかな時間管理の感覚を身につけることができるのだ。

「2時まで残り20分」と一目でわかる

④とにかく全部前倒し！の時間術

前倒しは「できる・できない」ではなく「する」

時間がなくて困っているのに、そのうえ前倒しなんてできない——そう考えてしまっては、時間管理や業務の効率化など、決してできない。時間に振り回されるのではなく、やるべきことを前倒しして、時間を味方につけるようにしよう。

まず1日の始まりを考えてみてほしい。「始業の10分前に会社に着けばいい」という考え方は、時間に振り回されている証拠。10分前に着けば仕事はできるが、1時間前につけば他の人に先んじて仕事ができる。先輩や上司がまだいない社内では、自分のやるべきことに集中できる。

朝の有効活用

朝のスタートダッシュが、その日1日の仕事の質とスピードを決める。出社したら、メールのチェックや返信、郵便物・FAX・回覧資料の確認、1日のToDoリストの確認などを、早々に済ませてしまおう。

何しろ朝は外部からの電話も少ないし、急な割り込み仕事が入ってくることもあまりない。時間に余裕ができるためトラブルにも対応しやすいし、静かなオフィスで集中して考えたり作業できる時間帯は、朝だけだ（深夜は静かだが集中力が低下している）。おまけに通勤の時間がズレれば、混雑からも解消される。良いことばかりの朝の時間。ぜひ仕事全体を前倒しで始めよう！

☑ 締め切りを待たずに仕事を終える

始業時間を前倒しにするだけでなく、仕事につきものの締め切りも、前倒しで処理したい。例えば、金曜日に提出すべき報告書を、水曜に出す。水曜に欲しいと言われた見積もりを、月曜に送る。相手が喜ぶことは間違いないし、その積み重ねが信用という得難い価値を生む。

反対に、最初から締め切りに合わせればいいと考えると、必ずギリギリになってしまい、急なトラブルや割り込み仕事で約束に間に合わないということにもなりかねない。締め切りを自分で設定し、それを実現するためのダンドリ、仕事の細分化、前倒し出社等のワザを駆使すれば、前倒しはきっとできる。

●1日の予定を1時間前倒し

8:50	**出社**
9:00	朝礼
9:15	メール確認
9:30	顧客へ連絡→訪問

時間がなければ余裕も生まれない。

↓

7:50	**出社、即メール確認・返信**
8:15	**コーヒーを飲みながらTo Doリストと顧客訪問の資料を確認**
8:45	**資料の一部を修正**
9:00	朝礼
9:15	客先から帰社後の、午後の仕事の準備
9:30	顧客へ連絡→訪問

出社を1時間早くするとこれだけのことができる。

ここがポイント!

自分だけの前倒し締め切りを設定

前倒し締め切りの設定は、納期を確実に守るだけではなく、トラブル回避や、仕事の質の向上にもつながる。前倒し締め切りを手帳に書き込み、実現に向けて挑戦してみよう。手帳だけでなく、カレンダーに書き込んだり、同僚に公言することで締め切りの意識を高めよう。

1 2日前位に設定してみる

前倒しといっても、1週間も早くできるような仕事は現実的には少ない。かといって前日では、せっかくの前倒しの効果が薄い。締め切りの2日前位に、自分の締め切りを設定してみよう。

2 早めにできたらブラッシュアップ

前倒し締め切り通りに早くできた、あるいはもっと早くできたら、1日寝かせて、新鮮な目で見直してみよう。気づかなかったポイントに気づき、より質の高い内容に修正できるかもしれない。

3 前倒しできない時は……

前倒し締め切りを設定したが、前倒しできそうもないケースは仕方がない……それがわかった時点で、本当のデッドラインに間に合うかを検討。万が一難しそうなら、即上司に相談しよう。ただ、こうした対応ができるのも前倒しで締め切りを設定したから。そのことの意味を考え、今後は正確な見込みを立てよう。

TIPS

ダンドリのコツ

今のうちから半年先、1年先の予定を決める

時間について考えるクセを付ける

半年先や1年先の予定を立てることで、計画力がつくうえ、楽しみも増える。毎年恒例の社内行事や、定例の会議、1年後の目標などのビジネス関係の予定はもちろん、行ってみたいがいつも予約でいっぱいのレストラン、ホテルなどプライベートのことも、半年後、1年後でも構わないので思い切って予約をしてしまおう。

例えば、半年後のその日は絶対に18時に帰ると決めていれば、その月に向けて仕事の流れを考えざるを得ない。その月になれば、その日に向けて流れを考えるはずだ。どうすればその日に問題なく帰ることができるか。楽しみながら常に時間について考えるクセをつけよう。

自由にならないことを優先して決める

自分の都合でどうにでもなる予定は、それほど前倒しして決めなくても大丈夫だ。自分でコントロールできない予定こそ、早めに決めておくこと。

例えば、複数名で行く旅行は自分の都合だけでは決められない。新幹線や航空機、ホテルの予約も先着順であり、自分ではコントロールできない。そうしたものほど、早め早めに決めていくのが予定を立てる時の鉄則。その後で、空いたスキマの日程に、自分だけでできる予定を埋めていくようにしよう。

5 月曜日と金曜日の上手な使い方

1週間は金曜日から始まる

週間での時間管理は、ビジネスの基本だ。定例会議や週毎の目標管理など、毎週行われているはずだ。

皆が等しく1週間という時間の中で仕事をしているにもかかわらず、成果の出る人・出ない人にわかれてしまうのは、時間の使い方にどのような違いがあるからだろうか。

まず、時間管理がしっかりできている人は、〝次の1週間を前週の金曜日に考え始めている〟。月曜の朝に出社してから、今週何をしようかなと考えていたのでは、遅いのだ。金曜日に1週間の振り返りを行い、同時に次週の予定を立て、ダンドリをしておく。

振り返りのポイント

金曜日に行う振り返りでは、次の点に留意したい。

- できたこと／できなかったことは何か
- できたことは、どこがよかったのか
- できなかったことは、なぜできなかったのか→どうすればできるのか

こうした振り返りは、できれば手帳に書き込むなどして記録として残しておくのがベター。それらをまとめて確認すれば、月間の振り返りも容易になるはずだ。

振り返ることで、来週にやるべきことが見えてくる。その週のうちに完了した仕事もあ

るだろう。引き続き行う仕事は、どこに注意すべきか。新しく始まる仕事のゴールは何で、そのために何をやるべきか。これらを金曜日に、まとめてしまおう。

月曜日は計画を実行する着手日

金曜日に振り返りを行い、翌週のダンドリをして、週末リフレッシュしながら英気を養う。

そして迎える月曜日は、金曜日に決めたことを実行に移す最初の日だ。この日に、週末決めたことをきちんとこなすことで、火曜日以降1週間のリズムが決まってくる。また、月曜日に実際に仕事に着手してみて、金曜の計画との差異を感じるかもしれない。その時は、軌道修正の絶好のチャンスだと考えよう。

月曜日にきちんと修正しなければ、1週間をムダにしてしまう恐れがある。

金曜日と月曜日をどう使うか。1週間の時間管理のポイントだ。

● 1週間で区切らず、つないでいく

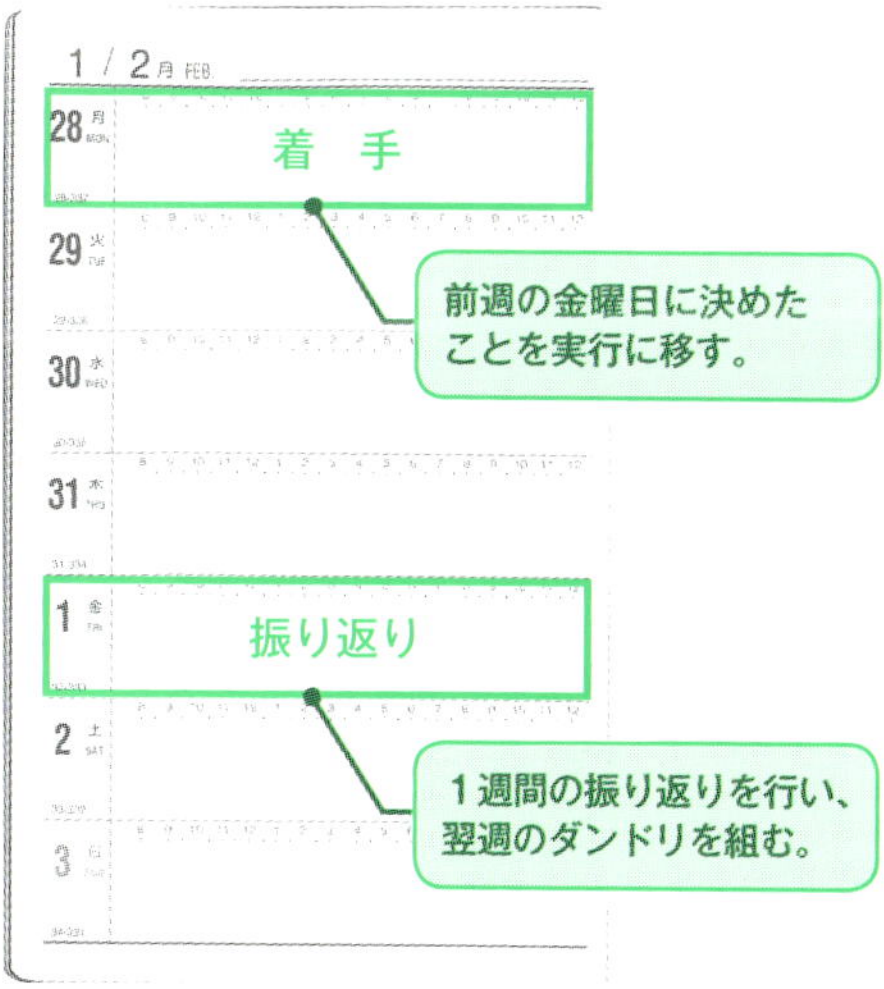
1 / 2月 FEB.
28 月
着　手
29 火
前週の金曜日に決めたことを実行に移す。
30 水
31 木
1 金
振り返り
2 土
1週間の振り返りを行い、翌週のダンドリを組む。
3 日

ここがポイント!

金曜日には残業するな

ビジネスの時間管理は週単位が基本とされている以上、金曜日中に終えなければいけない仕事も少なくないはず。どうしても終わらないし、週末ゆっくりできるから、ここは頑張って残業するか——ちょっと待って、その考えは間違っている。なぜ金曜の残業は間違いなのか。

1

金曜の残業は時間管理の失敗の証拠

1週間のまとめをすべき金曜日にまで残業しているということは、その週の時間管理がうまくいかなかった証拠。

2

振り返りが十分にできない

大切な金曜日の夜に残業してしまっては、週の振り返りも十分に行えない。金曜夕方の振り返りタイムも含めた週間計画を立てるべき。

3

効率が悪い

金曜の午後以降は、1週間の疲れがたまっていて一番集中力が低下するタイミング。そこで残業しても、効率が悪い。

4

仕事の提出先が、確認できない

金曜の夜遅くに仕事を終えても、上司も顧客もいない。確認ができず、一方的に提出するだけの仕事になってしまう。

金曜日は早く帰ろう

TIPS

ダンドリのコツ

金曜と月曜をつなぐ週末の過ごし方

週末に月曜の朝をイメージ

週末は仕事のことは一切忘れ、心と身体のリフレッシュに努めるのも、1つのやり方。ただし一方で、週末も仕事を忘れずにちょっとしたダンドリや準備をすることで、平日に残業せずに帰り、仕事とプライベートを充実させるという考え方もある。

例えば、月曜のスタートダッシュが1週間の仕事の質を決めることは前にも述べたとおり。日々の準備は朝の前倒し時間で十分対応できるが、大切な月曜の朝の準備だけは、日曜日の午後の時間を少し使ってみる価値はある。例えば、手帳を眺めながら、月曜朝～昼までの仕事をイメージし、必要なものややるべきことを書き出してみる。たったそれだけのことで、月曜日の朝の仕事がスムーズになる。月曜の朝は、会議や朝礼が長引いたり、急な連絡が入ったりして、思うように仕事を開始できないことが多い。貴重な週末の時間だが、30分のイメトレで、1週間の仕事の効率を上げることもできるだろう。

リフレッシュも重要

そうはいっても貴重な週末。ゆっくり過ごしたり、家族との時間に使いたい、そのほうが自分は仕事も頑張れるというのなら、それもOK。徹底的にリフレッシュして、月曜からの仕事に備えてほしい。

⑥ 嫌な仕事は分解して対処 先送り防止の時間術

☑ 嫌な仕事は分解する

仕事をすぐやる人と先送りする人では、作業開始のスタートラインが違うだけではなく、かかる作業時間や仕事の出来まで違ってくる。先送り癖を解消しよう。

仕事を先送りするのは、その仕事が嫌だから。嫌な仕事は、こう進める。

・細かく分解する

・好きな仕事と交互に処理する

・30分頑張ったら、30分好きな仕事をやる

好きな仕事をご褒美にしてモチベーションを維持するのだ。また、仕事を小分けにすることで集中力を維持でき、手が止まっているムダな時間もなくなる。

●いやな仕事はいくつかに分ける

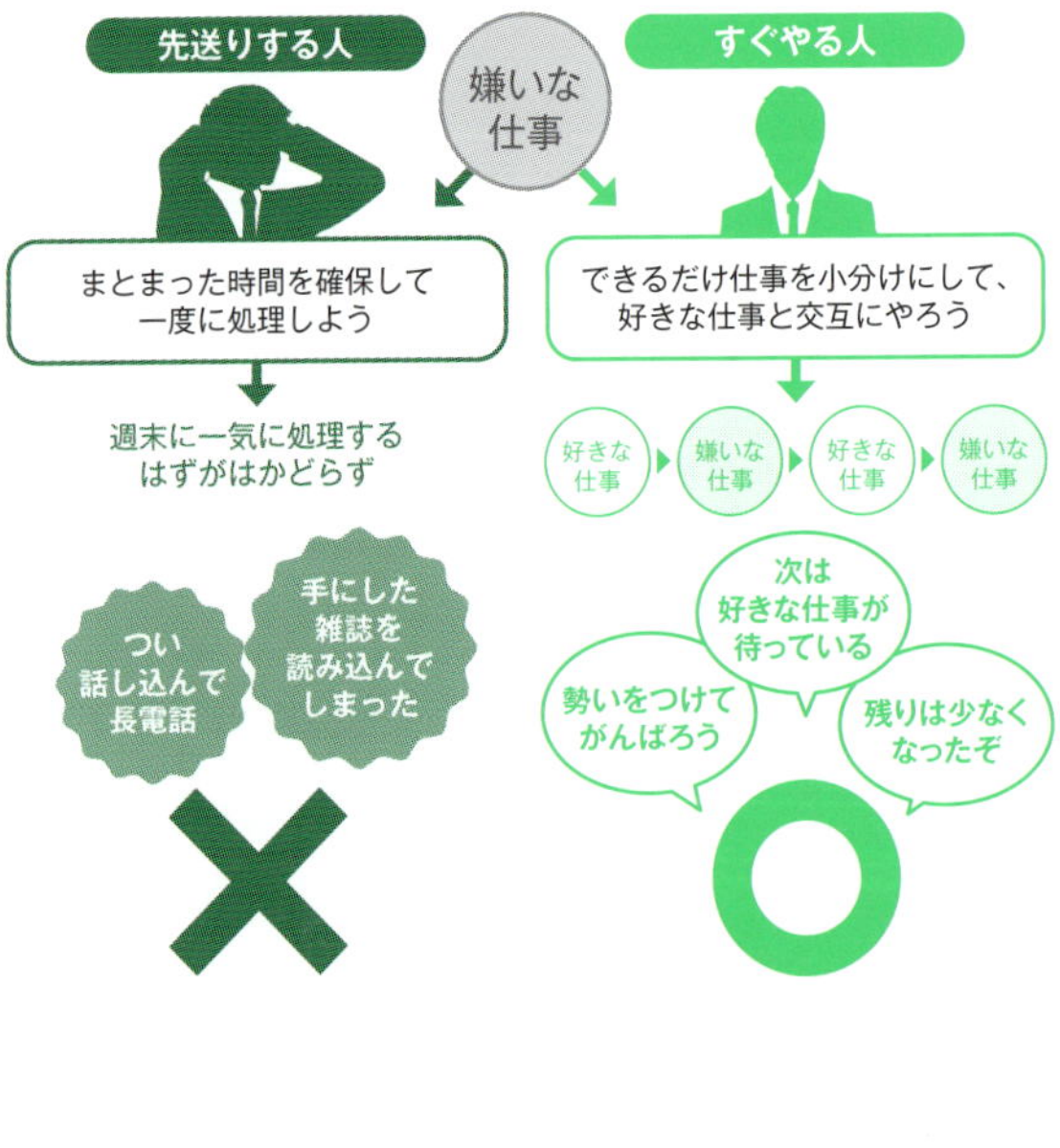
先送りする人
嫌いな仕事
すぐやる人
まとまった時間を確保して一度に処理しよう
週末に一気に処理するはずがはかどらず
つい話し込んで長電話
手にした雑誌を読み込んでしまった
できるだけ仕事を小分けにして、好きな仕事と交互にやろう
好きな仕事
嫌いな仕事
好きな仕事
嫌いな仕事
勢いをつけてがんばろう
次は好きな仕事が待っている
残りは少なくなったぞ

メールに逃げない

手間がかかる面倒な仕事は「朝一」ではなく「午後一」にやるのがコツ。急ぎの用件が多い朝や「明日でいい」と考えがちな夕方は避ける。もう1つ、仕事を先送りしないコツは、メールに逃げないこと。重要なクライアントと面談のアポイントを取る時には

- **メールより電話する**
- **文面を考え入力するより時間が節約できる**
- **返事もその場でもらえ、仕事が進む**

仕事を先送りする人は

- **緊張するからメールで連絡**
- **文面を考えるのに時間がかかる…**
- **返事が翌日になり、仕事が遅れる**

できる人はメールに逃げないことを覚えておこう。

●すぐやる人はメールに逃げない

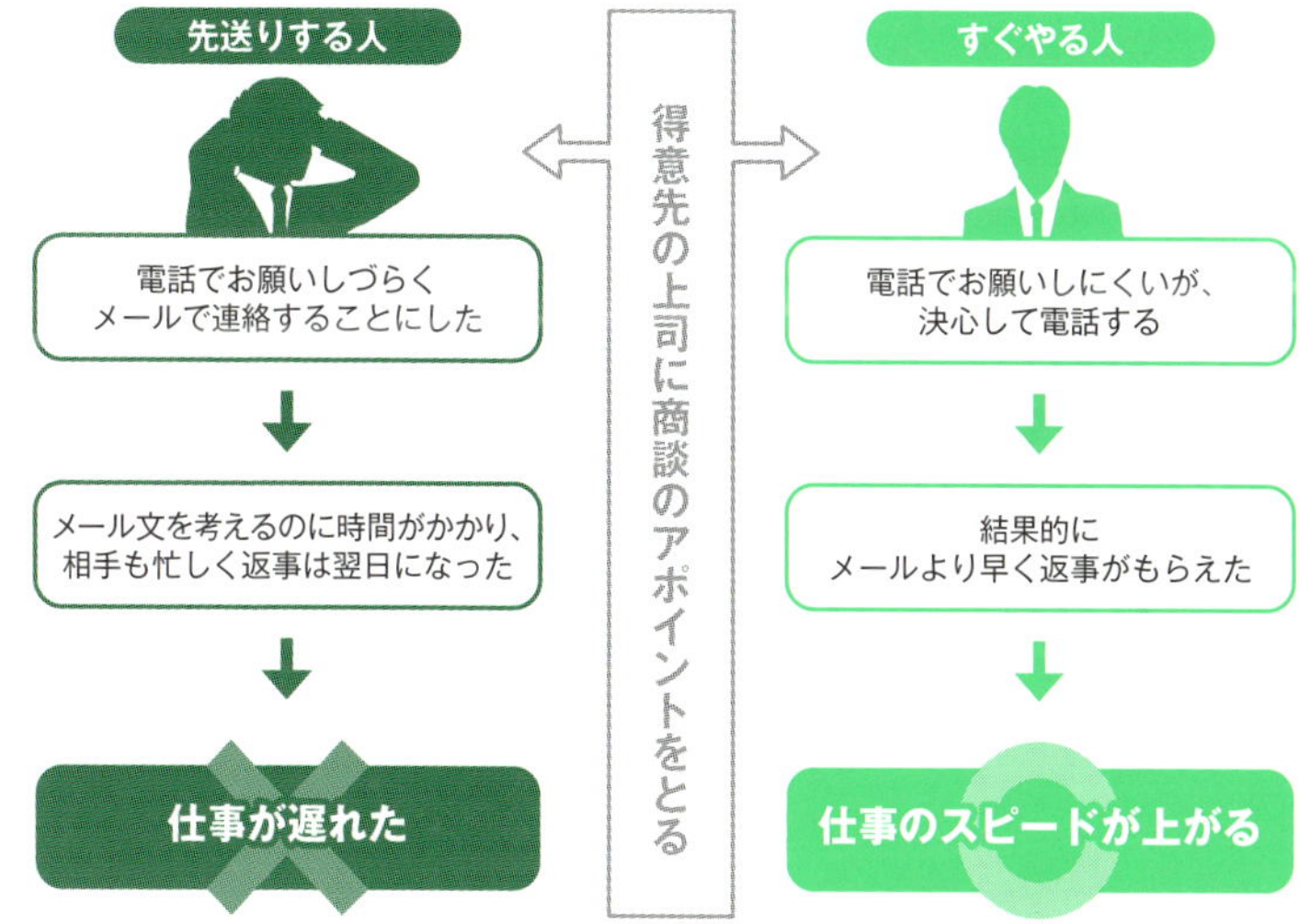
先送りする人
すぐやる人
得意先の上司に商談のアポイントをとる
電話でお願いしづらく
メールで連絡することにした
電話でお願いしにくいが、
決心して電話する
メール文を考えるのに時間がかかり、
相手も忙しく返事は翌日になった
結果的に
メールより早く返事がもらえた
仕事が遅れた
仕事のスピードが上がる

ここがポイント!

1日のTo Doを制限する

仕事が多すぎると、どうしても苦手なことを先送りしたくなってしまう。自分が1日にできる仕事量を把握し、To Doを制限して確実に処理していくほうが効率がいい。どうしてもしなければいけない、しかしできない案件はアウトソーシングを考えよう。

1 1日のToDoは7つまで

ToDoの数を絞ることで、確実に終わらせる。

2 自分をうんざりさせない

重要なことは下線を引いたり、線で囲んだりして強調する。後で、一日で「重要だ」とわかることが大切。

3 できないものは人に頼む

社内の人に頼む、社外にアウトソーシングする、あるいは日付を決めて先送りする。

今日1日でやることを朝確認して最大7つまでに絞る

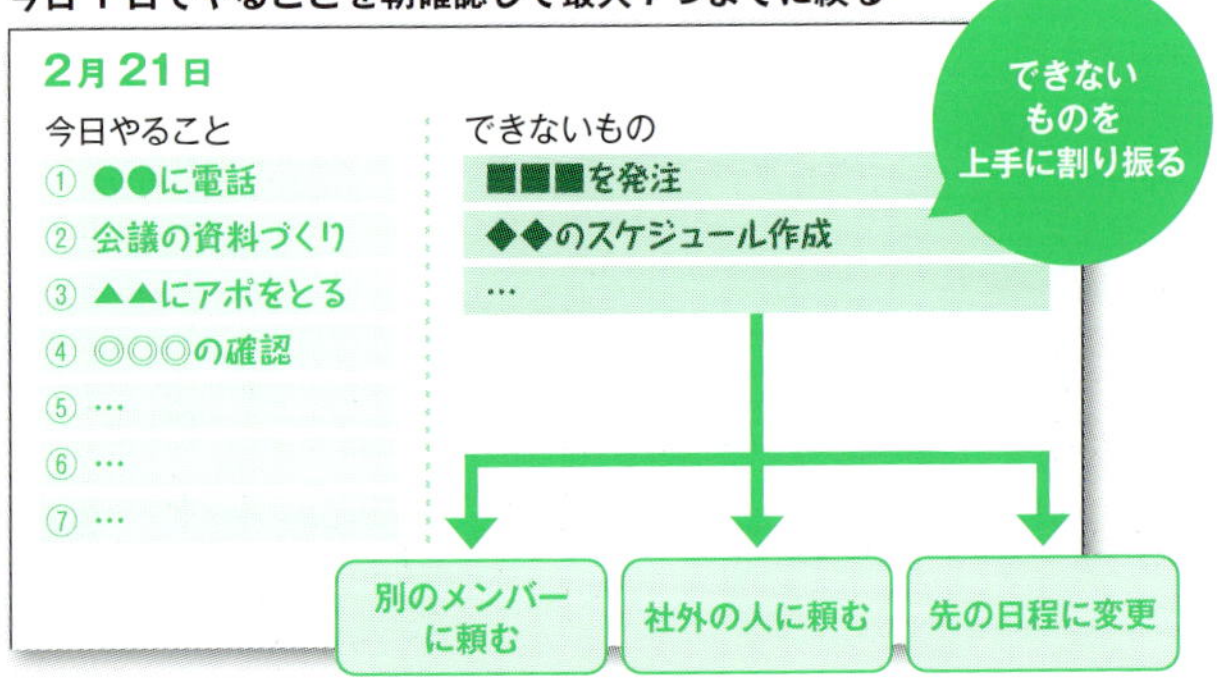

TIPS

ダンドリのコツ

積極的な先送り術をマスターする

先送りがよい場合もある

基本的に仕事の先送りはＮＧだが、状況によっては先送りしたほうがよいこともある。

例えば、「すぐに企画書を作成したいが、重要な情報が明日になれば入手できることが分かっている」場合だ。今やるよりも、明日やったほうが効率がよく、成果もしっかり上がるなら、「積極的な先送り」をしよう。

先送りのルールを決める

積極的な先送りをする場合、ルールを決めよう。その場合は先送りの期限、目的などを明確にすること。

積極的先送りは論理を司る前頭連合野、できないから後回しという消極的な先送りは本能を司る大脳辺縁系が優位になると起こるといわれている。期限を設けることで、前頭連合野を優位にすることができるのだ。

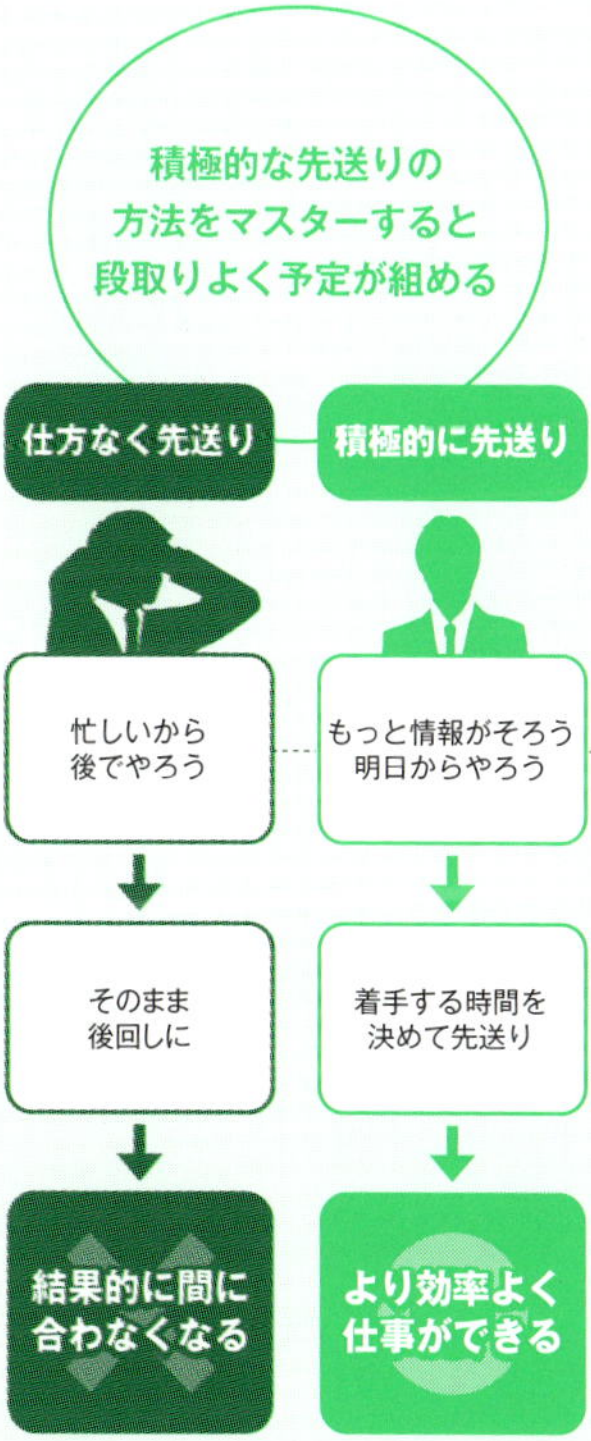
積極的な先送りの
方法をマスターすると
段取りよく予定が組める
仕方なく先送り
積極的に先送り
忙しいから
後でやろう
もっと情報がそろう
明日からやろう
そのまま
後回しに
着手する時間を
決めて先送り
結果的に間に
合わなくなる
より効率よく
仕事ができる

⑦ 毎日のムダな時間をダイエットする

時間のレコーディング・ダイエット

ドラッカーが時間を記録することの重要性を説いたように、行動時間を記録するだけでムダな時間を削減することができる。いわゆるレコーディング・ダイエットと同じような考え方だ。

時間を記録することで、次の効果がある。

・ムダが減る
・時間のかけ方のバランスがわかる
・自分のズレがわかる

自分の時間を数字によって見える化することで、意外とダラダラとした時間が多いことに気づく。生活のバランスが見えてきて健康にもよく、一石二鳥だ。

●時間レコーディングの３つの効用

1 ムダが減る

自分の時間の使い方を知ることで、時間に対する意識が変わってきて、「時間のムダ」を避けるようになる。

2 時間のかけ方のバランスがわかる

自分の時間を、何に割いているのか、どのくらい使っているのかがわかると、バランスをとって重要なことに時間を割く意識ができる。

3 自分のズレがわかる

自分が思っている以上に、時間をかけていることがあるのがわかる。自分の時間感覚と、実際に使っている時間のズレを自覚することができる。

レコーディング・ダイエットの方法

時間のレコーディング・ダイエットは、ざっくり行う方法と、ピンポイントで行う方法がある。

ざっくりタイプは、1週間の中で何がどのくらいの割合を占めているのか、大まかな配分をつかむやり方。〝大体〟で記録していけばよいので、記録の負荷が少なく初心者向け。生活改善を目的とした場合に適している。

一方のピンポイントタイプは、ムダがありそうな時間帯に的を絞り、その間の行動を片っ端から記録していくことで普段意識していなかった意外な行動が時間をとっていることがわかる。例えば、「パソコンの起動にこんなに時間がかかっている」からデータを捨てるなどムダな時間削減の具体策を見つけやすい。

●時間レコーディング２つの方式

時間の記録方法は、２タイプに分かれる。
特徴を理解して、自分にとってやりやすい方法からやってみよう

	計る内容	判明すること	記録の負担	記録の期間	事前の準備
ざっくりレコーディング	1日や1週間の使い方	おおまかなバランス	軽い（楽）	長い（最低でも月～金5日間）	多い（活動内容の分類が必要）
ピンポイントレコーディング	個別の活動の所要時間	細かなムダ	重い（面倒）	短い（2～3時間程度）	少ない（メモ帳とペンだけ）

ここがポイント！

記録を分析しよう

レコーディングした時間の記録は、見返して分析することでムダな時間の自覚を促し、ダイエットできる。特にざっくりタイプは数日にわたって記録するので、後からしっかり見直すことが重要だ。見直しを進める際に必要な視点を紹介しよう。

1 規則性があるか
毎日の行動が、同じ時刻に同じように行われているか。規則正しい生活ができているか。

2 仕事時間
仕事時間は何時間か。週55時間を超えたら注意が必要だ。

3 睡眠時間
最適な睡眠時間には個人差があるが、一定の時間を毎日確保できているか。

4 通勤時間
通勤にどのくらいの時間をかけているか。その時間を有効活用できないか。

5 自分時間
1日24時間から仕事時間と睡眠時間を引いた自分時間がどの程度あるか。

●ざっくりレコーディングの一例

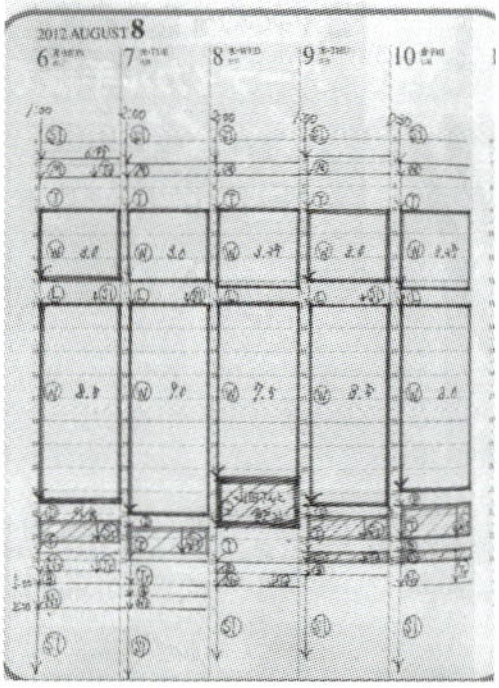

TIPS

ダンドリのコツ

感じたことを記録して時間のムダを発見

自分が感じたムダを反映

時間のレコーディング・ダイエットでは、感じたことをしっかり記録したい。特にピンポイントタイプでは重要だ。

例えば、「同僚が話しかけてきた。5分」「また同僚が話しかけてきた。8分。長い」といったことや、「エレベーターが来なくて3分待った。毎日やりきれない」「部長からエクセルの操作方法を尋ねられた。20分。前にもお伝えしたことなのだが…」などと書きとめておくと、貴重な仕事時間のムダが見えてくる。

そこから、割り込みが多い時間帯は雑用に回す、部長にエクセルの簡易マニュアルを渡すなど、対策が見えてくる。

レコーディングは面倒そうに思えるかもしれないが、実行してみると意外な時間の使い方に驚き、ムダをなくすことで達成感が得られ、モチベーションも上がってくる。

●ピンポイントレコーディングの一例

9：50	・企画書制作中 ・同僚が話しかけてくる。8分。長い！
10：10	・企画書制作中 ・部長からエクセルの件で質問あり。20分。
10：45	・企画書完成 ・A社さんから電話あり。3分。メールで済む話。

⑧ ダラダラ会議 撲滅術

2分で1議題終わる会議の仕方

トリンプ元社長で効率的な仕事の達人として知られる吉越浩一郎氏は、朝8時半から1時間の早朝会議で40もの議題を片付けていたという。つまり、1つの議題に2分しかかけていないことになる。なぜそんなことが可能なのか。

その秘訣は「案件ごとに担当者を決め、完璧なたたき台を準備する」こと。何が問題で、どう対処すべきで、どれくらいの費用がかかるのかなどの解決策を担当者が用意し、会議ではそれをいいか悪いかを判断する。判断できない場合は足りない情報を指摘して、いつまでに何をするか明示して次の議題に移る。

終了時間を守るためには

会議の効率化の基本は、「終了時間を決める」こと。当たり前のことだが、問題はそれを守れないことにある。終了時間を守る方法の1つは、告知の徹底。事前告知だけでなく、議題に入る前にもう一度確認しよう。そのうえで、タイムキーパーを決め、一定時間ごとに「○分経過」と知らせてもらう、あるいはストップウォッチで「あと○分」と逆算する。これで大抵の参加者は終了時間に対する意識を持つ。

社内の会議であれば会議を「立ったまま」で行う方法もある。座れないため、全員に「はやく終えたい」という意識が芽生える。

☑ 他にもある 会議術

会議のやり方には、会社のカラーが出る。やり方はそれぞれでも狙いは効率化だ。

- **意見禁止**／個人的な意見を禁じ、質問と返答だけを認めるもの
- **パワーポイント禁止**／見栄えにこだわって中身がない資料を禁じたもの
- **携帯、ＰＣ禁止**／議論に集中させるための方法
- **会議室の使用時間を制限**／終了時間を守らせる方法の１つ
- **歩きながらの打ち合わせ**／「立ち会議」の打ち合わせバージョン
- **メモ会議**／発言はメモに書き貼りだす。

話の上手・下手ではなく内容を重視するためカラーに合うものはあれば、取り入れてみてはいかがだろうか。

●会議風景

会議では
「空気を読むな」
あくまでロジカルに
考えよう
「終了時間」を
意識して
会議を進めよう
「なぜ参加するのか」
事前に理解し、
会議の速度を上げよう

ここがポイント!

ツイッター会議で時間短縮

あるコンサルティング会社では、ツイッターを使って会議をしている。会期は４日。しかしスキマ時間にツイッターを見て書き込むだけなので、審議時間は実質ゼロ。会議時間短縮に大いに役立ったという。いつでもどこでも書き込みができるツイッターを生かした会議術を紹介する。

1 会議参加用のアカウントを作成

非公開アカウントを作り、会議参加者だけで共有する。その際、必ず全員が非公開設定にしないと、情報が外部に漏れるので、この点は徹底して注意すること。

2 会議開始の合図でスタート

議長の「～について、以降、入力をお願いします」という合図の書き込みで会議スタート。最初に討議したい案件について提案し、発言者は冒頭に「審議１～」「審議２～」などと書き、何についての話か、皆にわかるようにする。

3 会期は長めに設定する

会期は長めに設定したほうが、参加者にとってはスキマ時間を利用しやすくなるので都合がいい。某社の場合は、金曜から月曜の４日間。

4 決定事項の整理

議長役が決定事項などをまとめて、参加者全員で共有する。これで週２時間かけていた会議時間が、実質ゼロに！

TIPS

ダンドリのコツ

貴重な時間をムダにしない！会議の議事録作成術

会議中に作成する

会議にパソコンを持ち込んで、その場で議事録を作成してしまおう。

日時、議題、参加者などあらかじめわかっているところはフォーマットに入力してから会議に臨む。

会議中にしっかりと書きたいのは議論の記録。ただし、すべては書ききれないので、重要なキーワードを中心に書きとめていく。

発言を入力する際に少しでも効率化するため、参加者の略称（アルファベットの頭文字など）を事前に決めておくこともポイント。

スクリーンに投影しよう

会議中にパソコンで議事録を付けるなら、画面をスクリーンに投影して、全員が確認できるようにしよう。入力ミスやキーワードの漏れ、発言内容に関する誤解などを、その場で改める事ができる。

その場で全員に配信

会議が終わったら、議事録を見返して必要なことを追記。会議で決まったことと、ＴｏＤｏ、期限や次回の会議について書き込む。その場で参加者全員にメールで配信してしまえば、会議終了後10分程度で議事録作成に関する仕事が終了する。

議事録作成の流れ

1. フォーマットに必要事項を入力
2. PCを持ち込む
3. 略称とキーワードを使って素早く入力
4. スクリーンに映し、全員で確認しながら進行
5. 終了後、必要事項のヌケ、モレを確認し、メールで配信

9 残業を止めてプライベートの時間を作る

なぜ定時に帰れないのか

今時、社員に残業して欲しいと考える会社は少ない。それにもかかわらず残業を減らすことができないのはなぜか。まずは現状を把握することから始めよう。

いったいどの位残業しているのか、残業時間に何をしているのか、どの業務をどの位減らせば残業しなくて済むのかを調べるために、チーム全員で1週間の記録シートを付けてみよう。

記入にあたってあまり細かい点にこだわる必要はないが、就業時間と残業時間を明確に分けることで、「なぜ残業になるのか」を考えるきっかけとなる。

● 1週間の記録シート

時間	月	火	水	木	金	
9時	業務・メールチェック	業務・メールチェック	業務・メールチェック	業務・メールチェック	業務・メールチェック	就業時間
10時	部会議	チーム会議	営業資料作成	部署資料作成	スタッフ会議	就業時間
11時	営業資料作成	営業資料作成		営業資料作成	営業資料作成	就業時間
12時	昼休み	昼休み	昼休み	昼休み	昼休み	就業時間
13時	会議打ち合わせ	営業資料作成	営業資料作成	会議打ち合わせ	営業資料作成	就業時間
14時	新規営業	営業	営業	説明会準備	営業	就業時間
15時				企画会議準備		就業時間
16時	営業資料作成			営業資料作成		就業時間
17時	電話連絡	営業資料作成	電話連絡	企画会議	チームミーティング	就業時間
18時	営業資料作成	営業資料作成	営業資料作成	後輩の指導	後輩の指導	残業
19時	後輩の指導	事務処理	メール返信	資料整理	営業資料作成	残業

チーム全員で1週間の記録シートを付けてみよう

☑ 明日でも結果が同じなら今日しない

定時退社を邪魔する先輩や上司の「これお願い」攻撃から逃れるには、日頃から

- ・スケジュールを共有する
- ・自分の仕事の処理スピードを周囲に知ってもらう
- ・自分の役割や目標を周囲と共有する

ことが大切。なんとなく引き受けたり、その場しのぎで逃げるのが一番よくない。

もう1つ、帰れない理由として多いのは「抱えている仕事の絶対量が多い」場合。

時間効率がいい人は「今日やるべき仕事」に集中している。「明日やっても結果が変わらない仕事は、明日やればよい」のだ。その見切りをすることで、その日やるべき仕事の絶対量を減らすことができる。

●明日でも結果が変わらない仕事はしない

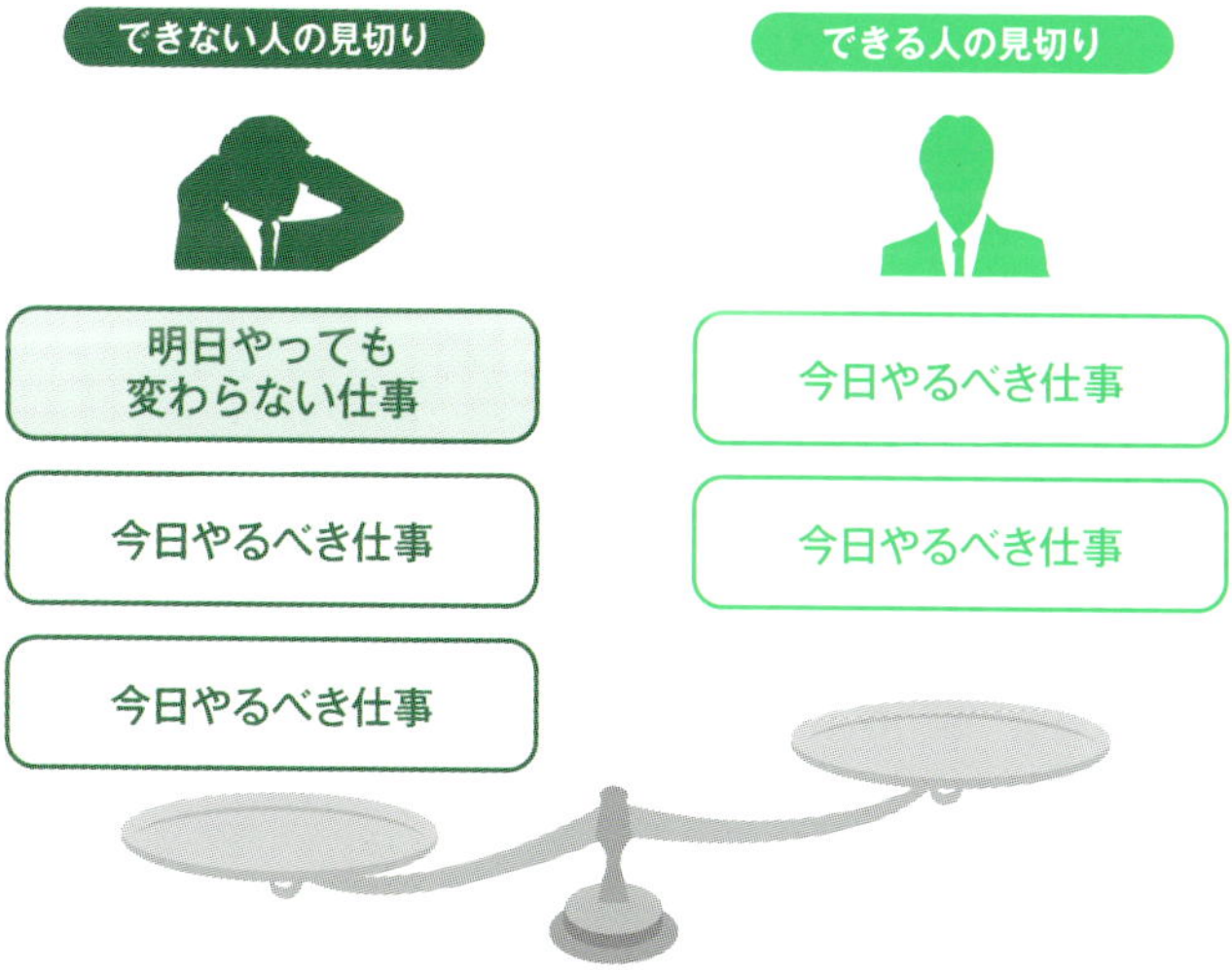

ここがポイント!

定時退社のインセンティブを考える

仕事を頑張ってこなし早く帰っても、特にやることがない——これではモチベーションが上がらない。頑張って定時で退社すれば、帰りには○○が待っているというご褒美、自分自身へのインセンティブを設定しよう。1つだけではなく、複数考えておくことがポイント。

1 一人飲みでリフレッシュ

若手ビジネスパーソンの間で流行している「一人飲み」。上司や先輩と離れ、好きな本でも読みながら気分転換してみよう。

2 コンビニで大人買い

いつもは健康を考えて、我慢している飲み物や食べ物。かえってストレスになっていないだろうか。たまにはどーんと大人買いして、DVDでも見ながらむさぼってみよう。

3 ウェブで欲しいものを買う

ご褒美の王道、買い物。ずっと欲しくて、でも迷っている……そんな商品があれば、思い切って購入してしまえば、最高のご褒美になる。

4 スポーツで身体を動かす

ビジネスパーソンは慢性の運動不足に陥りがち。スポーツで思いっきり汗をかくと、身体にとってのご褒美になるかも。

5 映画館に行ってみる

仕事帰りに、映画館へ。いつもより1回早い上映時間で観られれば、観終わった後の満足感がより一層アップする。

ダンドリのコツ

主導権を握って攻めの時間作りをしよう

主導権を握るための言葉遣い

相手の事情を考慮してアポイントを取るのは、ビジネスパーソンの当然のマナー。しかし、言葉の使い方ひとつで、スケジューリングの主導権を握ることができる。

アポを取る時に「いつがよろしいですか」と聞けば、相手は自分の都合を主張してくる。その場合、「○日の○時はいかがでしょうか」と聞けば、それに合うか・合わないかを検討してくれるはずだ。その際に、複数の候補を提示して、くれぐれも失礼のないようにしたい。

近い訪問先はまとめてしまおう

うまい具合に1件アポイントが取れたら、同様の進め方で、もう1件、同じ方向の会社にアポイントを入れよう。近い場所の訪問先をまとめる、同じ種類の仕事をまとめることが、時間作りのポイントだ。

●攻めの時間作りで訪問先をまとめる

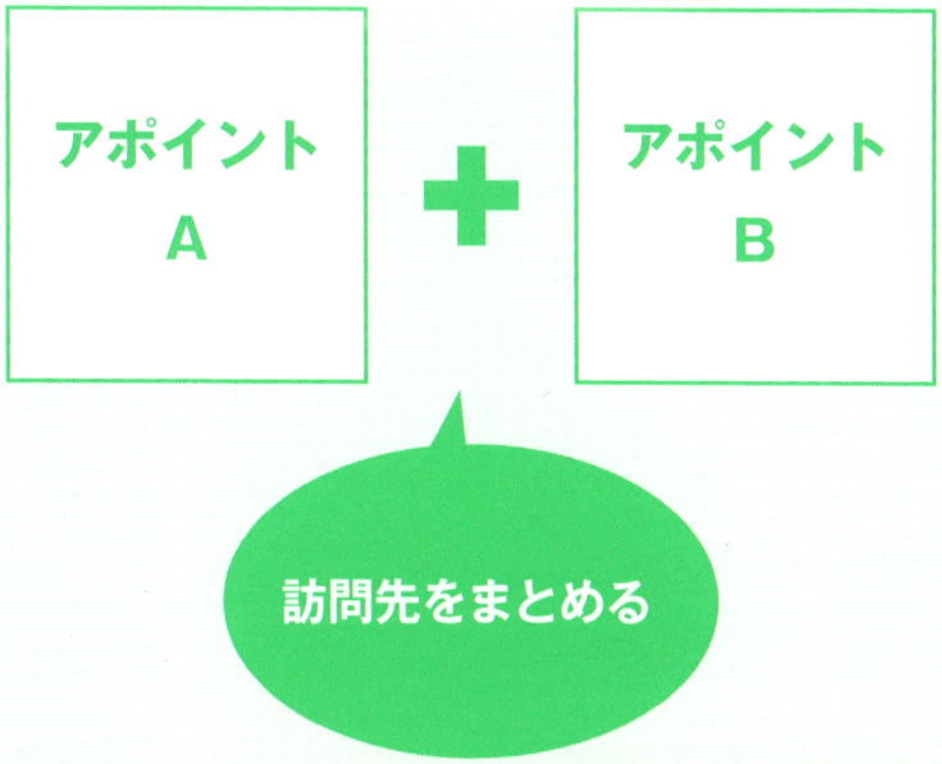

⑩「引き算」がコツ 判断力を高めて仕事を早くする

即断即決するコツ

日々の仕事は、無数の判断の繰り返しだ。判断のスピードを上げることで、仕事が早くなる。

一つ一つの要素をみんな大切に考えてしまうと決断できなくなる。即断即決するには、こう考えよう。

- 一つの問題に対して数ある制約条件の中から、絶対に外せない制約条件を見極める
- 外せる制約条件は外す
- 制約が減ることで発想が自由になり、素早く意思決定できる

つまり、「引き算」で考えることがコツだ。

●引き算で考えると判断しやすくなる

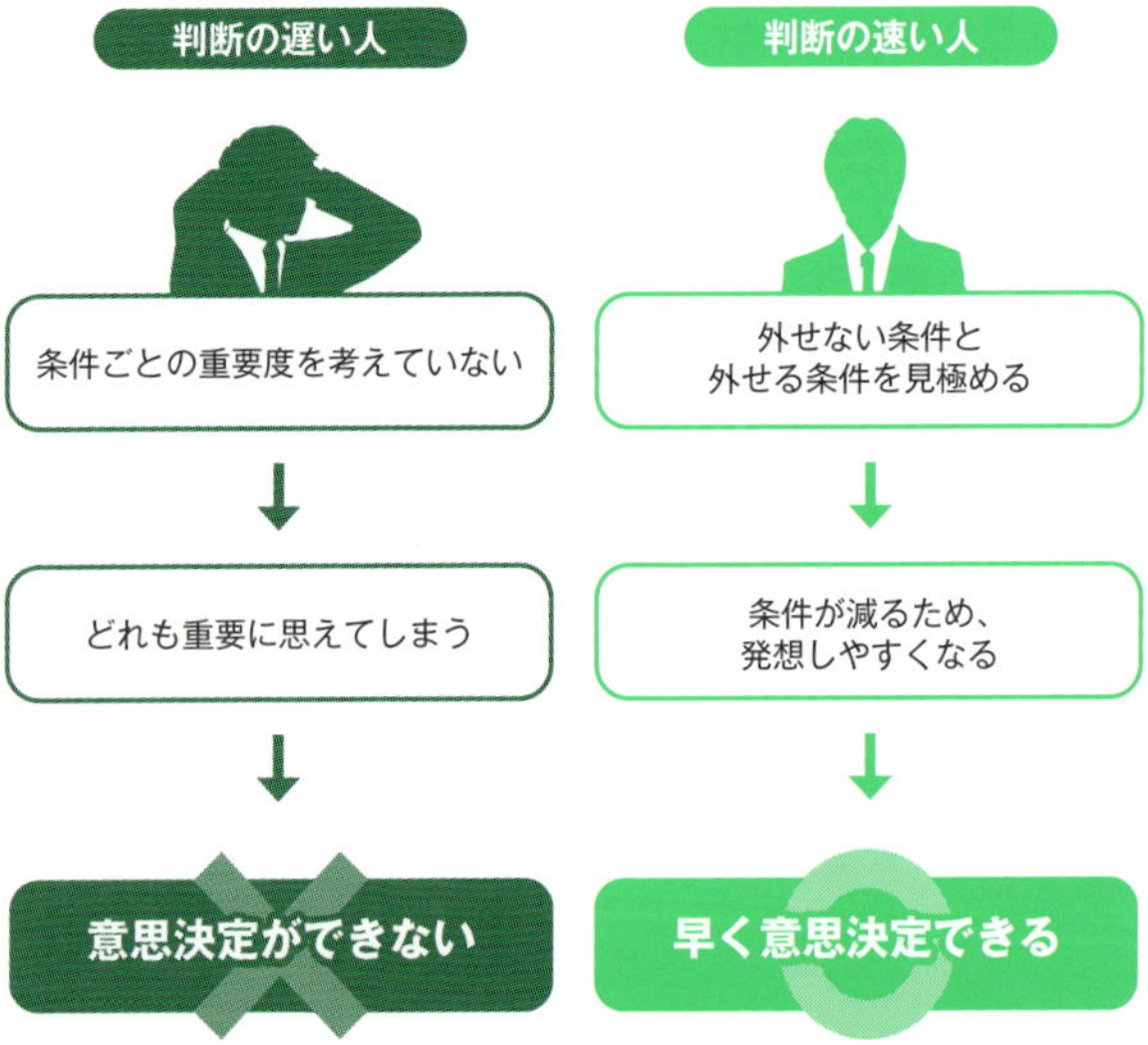
判断の速い人
外せない条件と
外せる条件を見極める
条件が減るため、
発想しやすくなる
早く意思決定できる
判断の遅い人
条件ごとの重要度を考えていない
どれも重要に思えてしまう
意思決定ができない

振り返りで判断力を高める

判断のスピードは、普段から考え方を鍛えることで早めることができる。

具体的には

・シミュレーションを繰り返し、同時に実地で経験を積む
・論理的思考力を高める
・日々の小さな判断をきちんと振り返る

これらを繰り返すことで判断スピードは高められる。例えば、クライアントを訪問する前に、「移動する電車ではどの車両に乗るのがベストか」をシミュレーションし、なぜその車両に乗るのがいいのかを明確にして、実際に乗ってみる。その後は、事前に考えたように乗り換えがスムーズにできたかなど、ちょっとしたことでも振り返るクセをつけよう。

●小さな判断を振り返っておくと、いざというときに役立つ

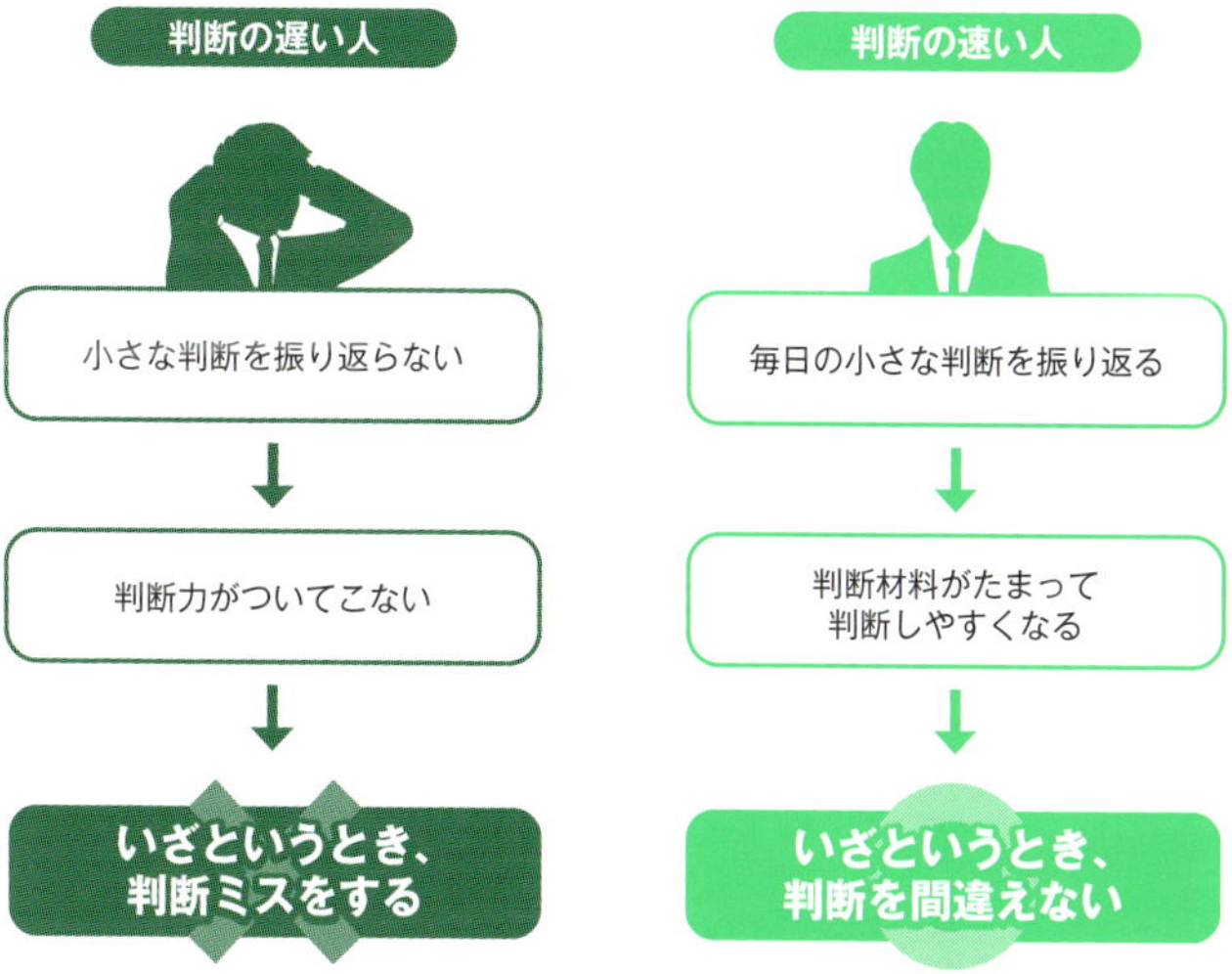
判断の遅い人
小さな判断を振り返らない
判断力がついてこない
いざというとき、判断ミスをする
判断の速い人
毎日の小さな判断を振り返る
判断材料がたまって判断しやすくなる
いざというとき、判断を間違えない

ここがポイント!

判断を鈍らせる先入観に注意

判断スピードを鈍らせる先入観が、数多く存在する。これらを覚えておき、回避することも、素早い判断に役立つ。まずは「直感に頼らない」「一社員の判断ミスで会社は傾かない」ことを肝に銘じ、さまざまな先入観に立ち向かっていこう。

1 現状維持の意識

チャレンジして得るものより、失うものを考えて現状維持を選んでしまうこと。消極的な選択をするときのバイアスだ。

2 投資回収の意識

これまで多くの時間やお金をかけてきたことだから、今さらやめられない――と考えて判断を鈍らせてしまう。

3 集団の意識

飲食店で並んでいる行列を見て、「おいしいに違いない」と思い込むこと。

4 確証の意識

事前に立てた仮説に反する情報は好まず、仮説に合う情報だけを好んで意思決定してしまうこと。まさに自分勝手な先入観だ。

5 後知恵の意識

物事の結果がはっきりしてから、「自分は最初からわかっていた」と思い込んでしまうこと。これを繰り返していると判断力が鈍り、自分の予測が正しかったと錯覚してしまう。事前に自分はどのように考えていたのかを自覚しておくことが大切だ。

ダンドリのコツ

スイス・チーズ法で判断スピードを上げる

問題を細分化し優先順位を付ける

心理学者のケネス・ウェクスレイ博士とティモシー・ボールドウィン博士が提唱する判断スピードを上げる理論が「スイス・チーズ法」だ。

スイス・チーズは大きくてそのままでは食べられないので、小さくカットして食べればよい――これと同様に、問題を細分化して考えることで、判断スピードを上げようという考え方。

例えばパーティーに何を着ていくかが決められなければ、ジャケットはどうするか、シャツはどうするか、靴は、ベルトはなどと分解していき、「ベルトよりジャケットが大事だからジャケットを中心に考えよう」と決めていく。

日頃から、細分化と優先順位付けを訓練して判断スピードを上げよう。

●スイス・チーズ法の考え方

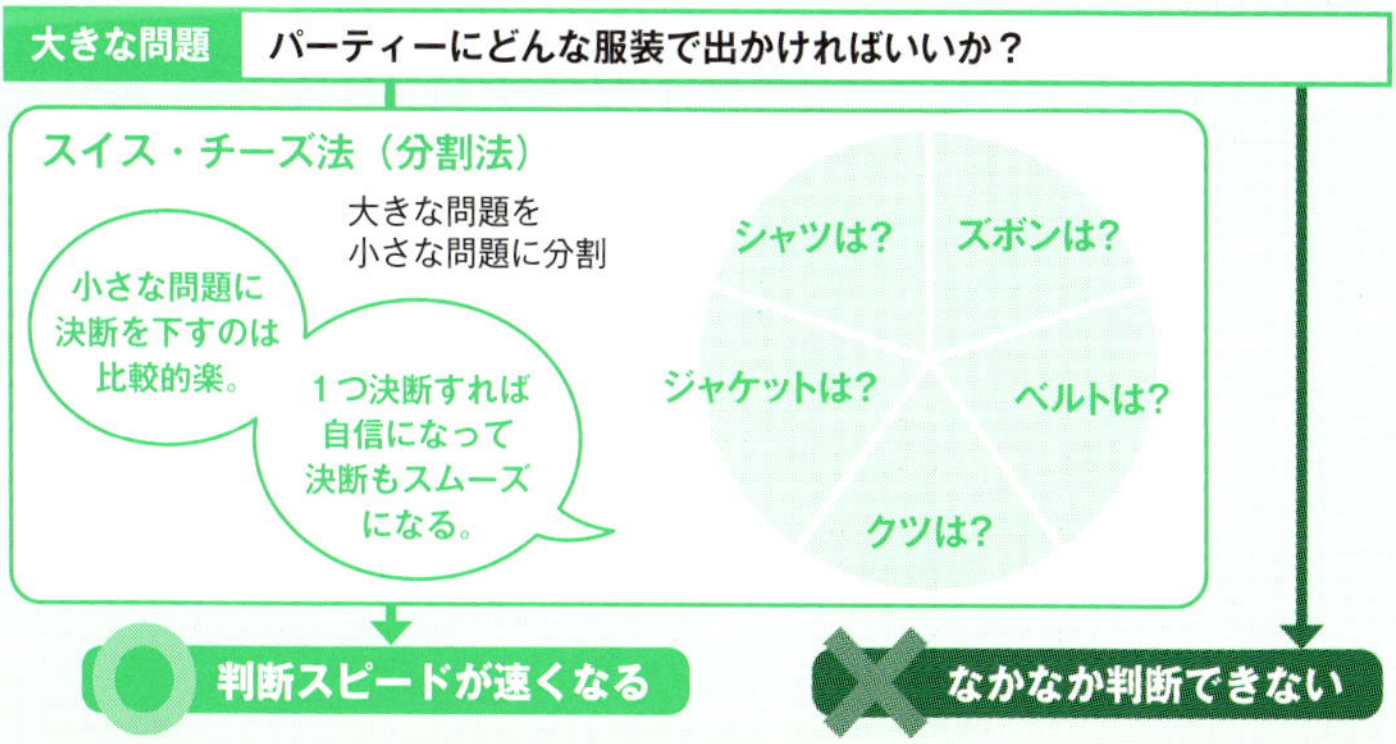
大きな問題
パーティーにどんな服装で出かければいいか？
スイス・チーズ法（分割法）
大きな問題を小さな問題に分割
小さな問題に決断を下すのは比較的楽。
1つ決断すれば自信になって決断もスムーズになる。
シャツは？
ズボンは？
ジャケットは？
ベルトは？
クツは？
判断スピードが速くなる
なかなか判断できない

⑪ チームひとまとめで時間管理

☑ チームで効率的に仕事をする

上司は大体いつも忙しいそうだ。報・連・相を心がけているが、タイミングが難しく、待っていると自分の作業が滞る――こんな時、上司を急かすわけにはいかないので、チームで情報を共有し、時間管理できる仕組みを作ってしまったほうがよい。

簡単な方法の1つが、朝と夜のメール報告。朝は「その日、何の業務にどのくらい時間をかけるか」を、優先順位と合わせて、メンバー全員が上司にメールする。

上司はそれでメンバーの業務と指示の理解度がわかる（例えば報告書の制作に3時間見込まれていたら、指示を改める）。夜のメールは、見込み時間と実際の差異、反省点と良かった点を送る。

☑ 表を使った情報共有

もう1つの簡単な方法が、表を使った管理。タスク、担当、締め切り、進行状況などを一覧表にまとめ、全員が記入。壁に貼りだすなり、Ｗｅｂ上にアップするなりして、共有する。こちらは、デイリーの管理よりも、週間単位くらいでの管理に向いている。

仕事の状況を色分けして、緑＝順調、黄色＝遅れ気味、赤＝緊急事態発生としておけば、上司が一目で状況がわかるため、指示を受けやすくなる。

●表に担当業務の内容や現状を書き込み、共有する

業務はわかりやすい番号にして管理

業務や問題点の進捗状況

個人、チーム、部署の名

業務を終わらせる日付を書く

業務の内容や問題点など

状況を色で示す
青は予定通り、黄はやや遅れ、
赤は問題ありなど

次にやることを書く

番号	タスク	担当名	完了予定日	現在の状況	分類	次にやるべきこと
1	A社との打ち合わせ	伊藤	2/26	先方から要望のあった資料を準備する	■	以前B社が出した広告実績の資料を資料庫で確認
2	B社広告の制作	高山	2/18	1/30より始まる予定	■	制作開始に向けて、各種資料を集める
3	C社パンフレットの印刷手配	伊藤	2/20	刷り増しの連絡があり 1000部を追加	■	印刷会社の手配ができず、探し中
4	新規顧客への営業	田中	2/23	目標は2社。今月は1社受注しているが、もう1件のめどが立たず	■	普段回れていない地域をあたるなど営業エリアを拡大して、訪問数を増やす。
5	D社との契約交渉	鈴木	2/28	先方の条件が厳しく、契約できるか不透明	■	どこまで譲歩できるかを社内で確認中
6	E社への広告プレゼン	田中	2/26	新規のE社への広告プレゼンは26日。準備を進めているところ	■	パワーポイント資料を制作中

全員が必ず記入する。
壁に貼ったり、
ウェブにアップするなど、
見やすい場所に配置。

色分けしておくと
上司が一目でわかり、
指示を出しやすくなる。

ここがポイント! 職場のスピードを上げるチームハック

チームで仕事をしているが、メンバー相互の情報共有や進捗チェックができず、仕事が遅れる一方――そんな時は、チームの相乗効果を高め、職場のスピードを上げるチームハックを活用してみよう。ここでは、代表的なものをいくつか紹介する。

1 グーグルカレンダーで進捗を相互チェック

グーグルカレンダーを使ってメンバーで予定を共有し、「ここは時間をかけ過ぎ!」「その案件は2時間はかかるよ」などとチェックし合う。

2 「Wiki」にタスクリストを公開し相互チェック

メンバー各人のタスクリストをWiki（ブラウザからウェブ上の文書を編集できるツール）に公開し、チームで共有。これで誰が何をやり、どういう状況かが一目でわかる。

3 会議を小分けして行う

会議で発言する人は、意外と限られている。時間とコストをムダにしないため、会議のテーマによって参加者を少人数のグループに分ける。

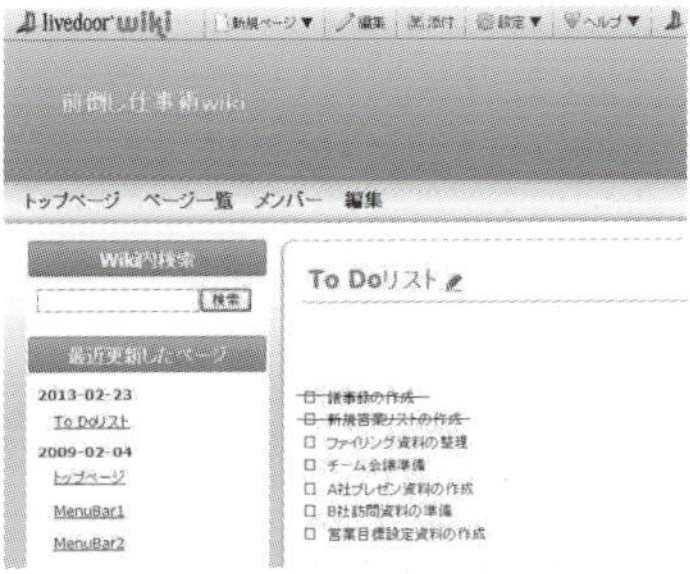

Wiki でタスクリストをチェック

TIPS

ダンドリのコツ

LINEを使って チームでスキマ時間を活かす

スキマ時間にLINEで会議

ＬＩＮＥにチーム全員が参加すれば、「ボード」と「トーク」を使ってメンバー間のやり取りができる。「ボード」は写真や動画、テキスト、位置情報の保管庫といったイメージ。「トーク」はチャットルームと同じ感覚で会議室として利用でき、賛成や共感の気持ちを「いいね！」ボタンで示すことができる。Facebookの投稿と、仕組みや使い方は良く似ている。

　上司が外出や出張に行っていても会議ができるので、移動中などのスキマ時間を使った全員での打ち合わせなど、便利な使い方ができる。

　トークはどんどん流れていくので、大事な用件はボードに保管しておこう。ボードやトークに新たな投稿があると、メンバー全員に着信通知で知らせてくれる。

Column

仕事にかかる
時間の“固定費”を減らす

仕事をするうえで、どうしても必要な作業がある。例えば、通勤やPCのキーボードを打つ作業など、これらなくして仕事をすることはできないし、絶対にある程度の時間はかかってしまう。いわば、時間の“固定費”だ。これを減らすことができないだろうか。

パソコンで文章や資料を作成する作業は、恐らく今後数十年は変わらないだろう。それであれば、我流でポツポツとタイピングするのではなく、思い切って時間をとり、タイピング技術を習得したほうが生涯にわたって生産性を高めることができる。

通勤時間も絶対に必要な要素だ。これを短縮、あるいは有効活用する。経済評論家の勝間和代氏は、移動は高級スポーツタイプの自転車にナビを付けて最短で移動。自動車より早く、健康にもいい。さらに移動中はMP3プレイヤーでオーディオブックを聞き、耳から学習しているそうだ。レバレッジコンサルティング社長兼CEOの本田直之氏は、シティバンク勤務時代に毎日自腹でタクシー通勤し、通勤時間を勉強時間に充てていたという。

忙しい著名人の多くが口にする読書法は「すべてを読む必要はない」というもの。目次に目を通して全体を俯瞰したら、制限時間を設け、必要な部分だけを熟読する。もちろん、必要だと判断した本は隅々まで何度も読む。

第3章

机を整理する／オフィス空間を整理する

① 製造業の奥義「5S」を活用する

5Sとは何か

日本の製造業の現場では、徹底した5Sが行われている。5Sとは、整理、整頓、清掃、清潔、しつけのこと。モノのムダ、人の動きのムダ、時間のムダ、スペースのムダを省くために導入された仕組みで、オフィスの整理と仕事の効率アップに役立つ。

整理は必要なものとそうでないものに区分し、グループにまとめること。整頓は何をどこにどのような状態で置くかを決めること。清掃はゴミや必要ないものを除去し、きれいな状態にすること。清潔は整理・整頓・清掃が行われた後の状態を保つこと。しつけはこの4Sを習慣化することだ。

●5Sの基本

1	整理 S	必要なものとそうでないものを分ける
2	整頓 S	何をどこに置くかを決める
3	清掃 S	要らないものを捨て、きれいにする
4	清潔 S	①～③の状態を保つ
5	しつけ S	①～④の状態を習慣化する

☑ 整理・整頓の基本ワザ

整理の基本は、現状分析。一番簡単な方法は、仕事環境を写真で撮影することだ。

オフィスやデスク周りを撮影して気づいたことや感想を記入し、1週間後にもう一度撮影してみる。その際に、撮影位置や角度を前回と同じにすること。これらをよく見比べて、使われているものといないものを見分け、使われているものの位置はそれでよいかを考えて、整理する。以降、定期的に写真を撮り、記録していくとよいだろう。

整頓の原則は、取り出しやすく・戻しやすいこと。そのためには、どこに何があるか一目でわかるように、

・ラベルを貼る
・収納ボックスやファイルを色分けする

など、表示を工夫することが効果的だ。

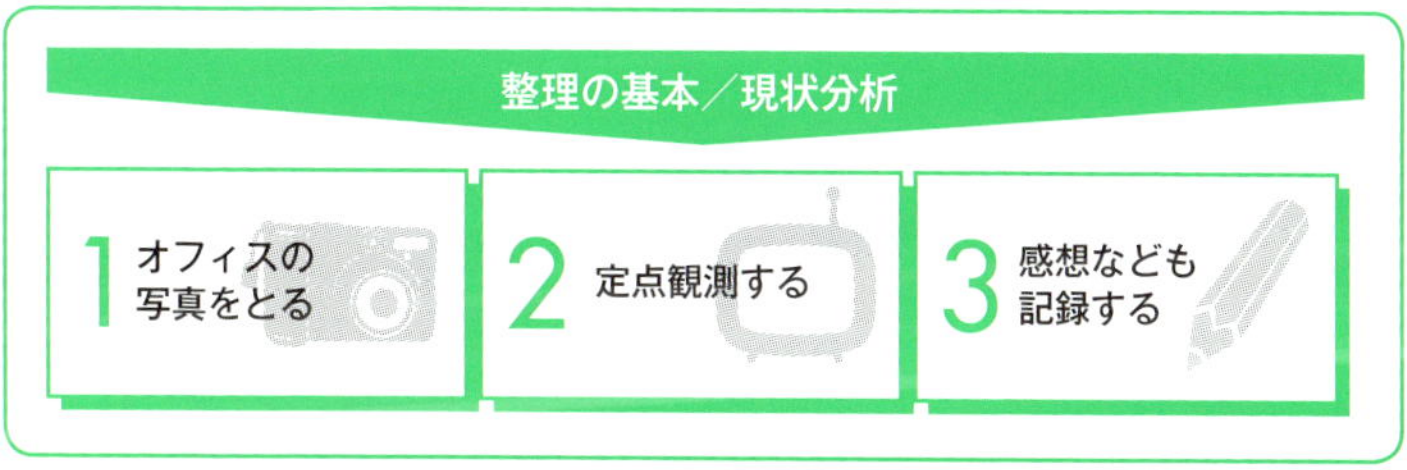
整理の基本／現状分析
1 オフィスの写真をとる
2 定点観測する
3 感想なども記録する

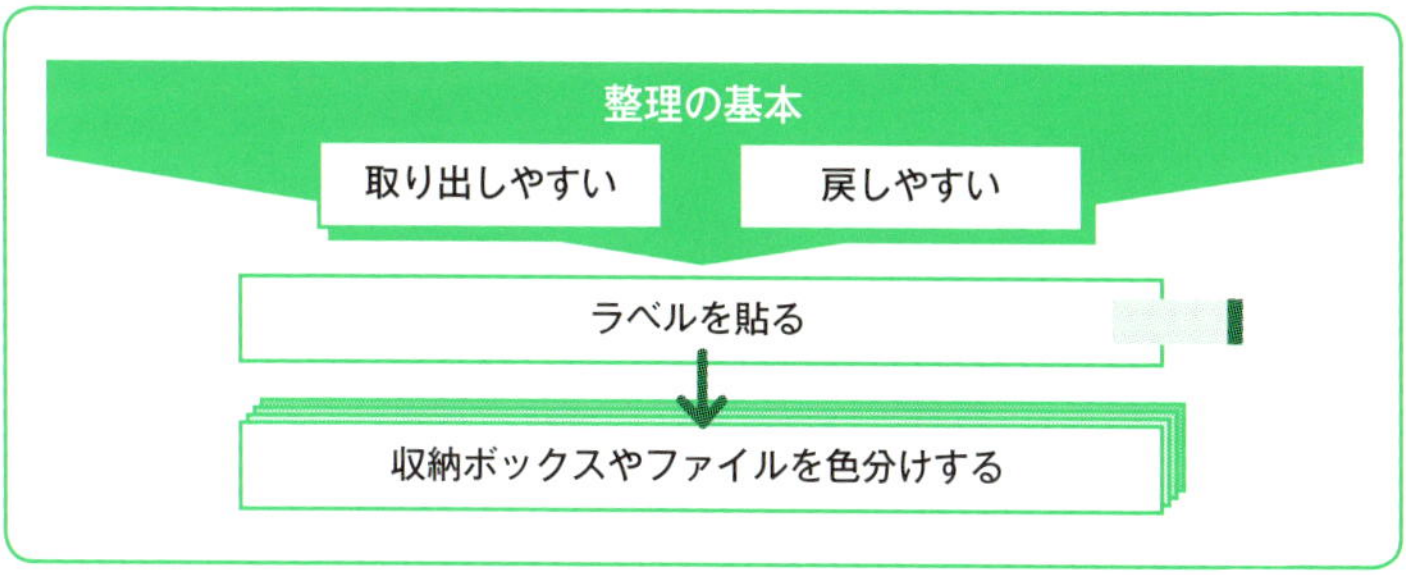
整理の基本
取り出しやすい
戻しやすい
ラベルを貼る
収納ボックスやファイルを色分けする

ここがポイント!

清掃は手順や方法を決める

能率的な職場を作るための清掃は、ただ漫然と行うのではなく、清掃のルールと手順を決めて行いたい。清掃のコツは「大きな汚れから小さな汚れへ、上から下へ、中から外へ、隅から中央へ」と覚えておこう。これにより、必要なものだけを残していく。

1 対象範囲を決める

清掃の範囲を明確にしよう。自分の周辺すべてなのか、デスク上だけなのか、引き出しの中だけなのか、など。

2 実施する日時を決める

○日の△時から、毎週○曜日の○時から、毎日朝の10分間など、実施する日時を決める。「手が空いたら……」では、いつまでたってもきれいにならない。

3 どこまでやるか

いらない資料を廃棄すればよいのか、整頓までやるのか、データ整理は……など、どこまでやるかを決めておこう。

4 共有部分の担当決め

自分の周囲だけでなくチームで清掃する場合は、共有スペースの担当と、どのレベルまで清掃するのかを事前に明確にしておこう。

TIPS

ダンドリのコツ

しつけ／清潔を維持するための仕組みを作る

理想の状態を明らかにする

清潔な状態とは、キレイで、使いやすく、安全な状態のこと。こうした状態を保つには、自分が仕事をするうえでの清潔な状態を書き出し、チェックリストを作ることだ。

□デスクの上に不要なものはないか
□PC画面や電話機の汚れはないか
□資料には表示が付けられているか
□資料はテーマ毎に分類されているか
□資料や文具は効率的な位置に置かれているか
□文具の量はムダがなく適量か
□キーボードは汚れていないか
□ファイルは色分けされているか
□書類が山積みされていないか
□帰る前にデスクを点検しているか

手抜きしがちなところを書き出してみる

掃除し難いところは、かなり意識して清掃しようと決めないと、放って置きっぱなしになってしまう。気になる部分を一度、紙に書きだした上で、そこを清掃する日をスケジュールに入れてしまおう。

・引出の奥
・資料棚の上
・メールの送受信フォルダ
・サーバ上のデータ

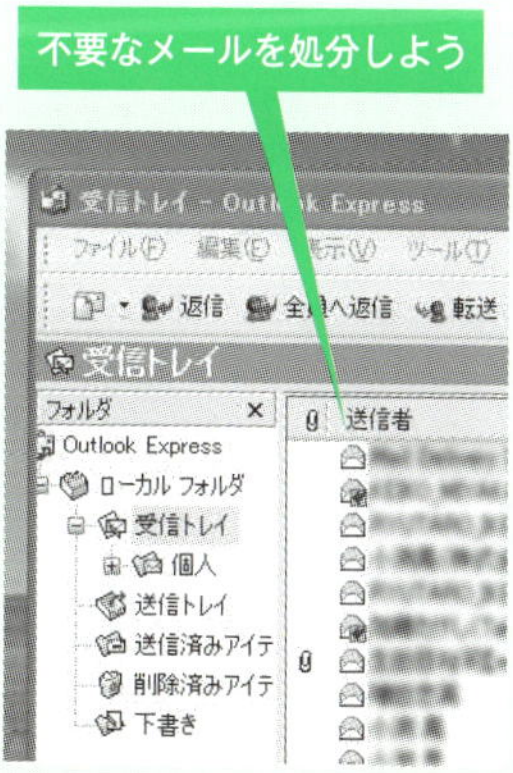

②仕事がはかどるデスクの整理術

デスク整理の3つのポイント

仕事の効率に大きく影響するのが、デスク周りの機能性。1日10分探しものをすることが2回あったとしたら、1年間で大体10日分の仕事時間を、探しものだけに費やしている計算になる。

ムダな時間を省き、仕事の効率を上げるデスク周りの整理のポイントは次のとおり。

・収納場所を決める／使ったものをそのままにしない。余計なものは捨てる
・見出しを付ける／収納してあるだけではダメ。探しやすくなければ意味がない
・ルールを決める／収納のルール、捨てるルールを決める

デスク上の配置の基本

デスク上の配置にも基本がある。

・電話／右利きの人はデスクの左側に置く左手で受話器を持って、右手でメモをとるため
・メモ／電話の隣がベストポジション
・PC／中央奥が基本
・文房具／使用頻度の高いものだけを右側に。あまり使わないものは引き出しに
・書類／使用頻度の高いものだけ、ボックスやスタンドを使って「必ず立てて置く」

デスクは保管場所ではないと認識し、使用頻度の低いものは資料BOX行きかPDF化して廃棄しよう。

デスクの上のゾーン分け

デスクの上を自分が使いやすいようにゾーン分けしてみよう。分け方は自由だが、いくつかの例を紹介する。

- 机の右側を当日の仕事ゾーン、左側を今週の仕事ゾーンと分ける（それより先の仕事に関する書類や資料は引き出しへ）
- デスクの上を「未処理」「処理中」「処理済み」に3分割する
- 進行中の「タスク別」に分ける
- 「カオスゾーン」を設置する。そこだけは好きな書籍や文具、残業用の非常食、家族の写真、身だしなみグッズなど、直接仕事と関係ないものを置いてよい

●デスクレイアウトの基本

PCは中央奥に配置
使用頻度の高い文具だけを右側に
電話の位置は左側が基本

ここがポイント!
デスク整理のステップ

「なかなかデスク整理に踏み切れない、手をつけられない」という人は、いくつかのステップに分けて、少しずつでも行動すると状況も変わってくる。その第一歩は、今のデスクの状況を分析すること。デスク上には何が必要で、何がいらないのか。じっくり考えてみよう。

1 現状を分析する

デスクのどこが不満か、どう使いたいか、何をどれだけ減らすべきかを考える。

2 整理計画を立案する

デスクのどこを何分で片付けるか、デスクの整理にトータルで何分使うかを考える。時間制限をしない片付けはダラダラして効率が悪いのでNG。

3 モノをすべてとり出す

引き出しや棚の資料をすべて出してしまう。この段階では、出したものは、デスクの横に置いておく。

4 モノの必要性を考える

出したものを要/不要で分類する。

5 モノを戻す/捨てる

要は戻す。その際に、使いやすい配置に。不要なものは捨てる。

「出したら、戻す」を習慣に!

TIPS

ダンドリのコツ

捨てる技術をマスターしよう

溜め込まないコツ

モノを溜め込まないようにするには、コツがある。

・定期的に捨てる／足元に「週間ボックス」、「月間ボックス」等を作り、週明け、月の初日に確認して捨てる
・CD-RやDVDにはラベルを貼る／内容のわからないディスクは確認が必要で捨てるのも大変。捨てやすいようにラベル貼りを習慣化する
・封書はすぐ開封／不要なものは即捨てる
・ウチワは1つ、紙袋は2つまで／なんとなくもらい、なんとなく捨てられないウチワや紙袋。総量規制をかけよう

PCのデータを捨てる

PCのハードディスクの空き容量が少なくなってくると、処理速度に影響が出てくる。デスク周りだけでなく、PCのデータも定期的に捨てていきたい。

デスクトップ上の不要なデータや、メールの空き容量は気にする人が多いが、意外と見落としがちなのが、使っていないプログラム。PCに初めからインストールされていて、全く使っていないプログラムがあるはずだ。これらは思い切って削除してしまおう。コントロールパネルから「プログラムの追加と削除」あるいは「プログラムのアンインストール」を選択し、要らないソフトウェアを削除する。

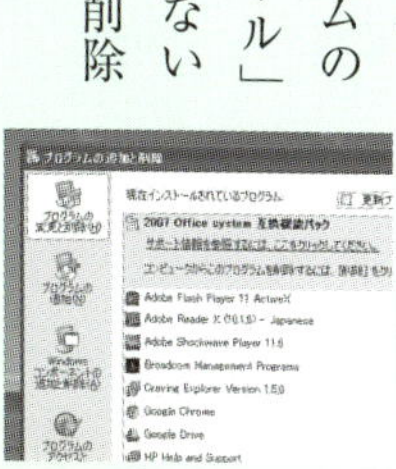

③ 効率を上げる引き出しの定位置管理

☑引き出しはサイズごとに使い分ける

引き出しは構造上、手前のものが出しやすく、奥のものは出し入れし難い。そのため、使用頻度の高いものを手前、使用頻度の低いものを奥に入れるのが原則だ。そのうえで、引き出しのサイズによって使い分けるのがポイント。

●上段　高さがあまりないため、分厚い書類や資料を収めるのは不向き。小さな文房具類の保管に向いている。比較的よく使う印鑑やペン、カッターなどを手前に（非常によく使うペンはデスク上のペン立てに収める）、定規や未使用の封筒などは奥に入れる。必ず定位置を決めて管理するのがコツ。

●中段　ある程度の高さがあるため、上段に比べると自由度が高い。上段には収まらないもの、使う頻度があまり高くない書類や資料などを入れよう。おすすめは、中段の手前半分を大きく空きスペースとしてとっておき、帰宅前にデスクの上のクリアファイルをガサッと入れる使い方。クリアファイルを出しっぱなしのにして中身を簡単に覗かれる心配がなくなる。

●下段　保管のためのスペース。高さがあり、資料をたっぷりしまうことができる。ただし、ここに資料を横積みしてしまうと、確認が非常に面倒になる。ボックスファイルやハンギングフォルダーを引き出しの中に入れて、資料を区分して立てて保管しよう。

正面の浅い引き出し

椅子に座って正面の、浅い大きな引き出しは、開け閉めする度に身体を後ろにずらす必要があり、実は使い勝手がいいとはいえない。

大きな定規や、夏以外は出番がない扇子、予備のインクなど、使用頻度の低いモノを保管しておく。

もう少し積極的に活用したい人は、席を離れる際に一時的に資料や書類を入れるスペースとして使ってみよう。

この引き出しは、浅いが面積は広いのが特徴。トレイなどで区切って、引き出しの中が乱雑にならないように注意しよう。

●引き出しのレイアウト例

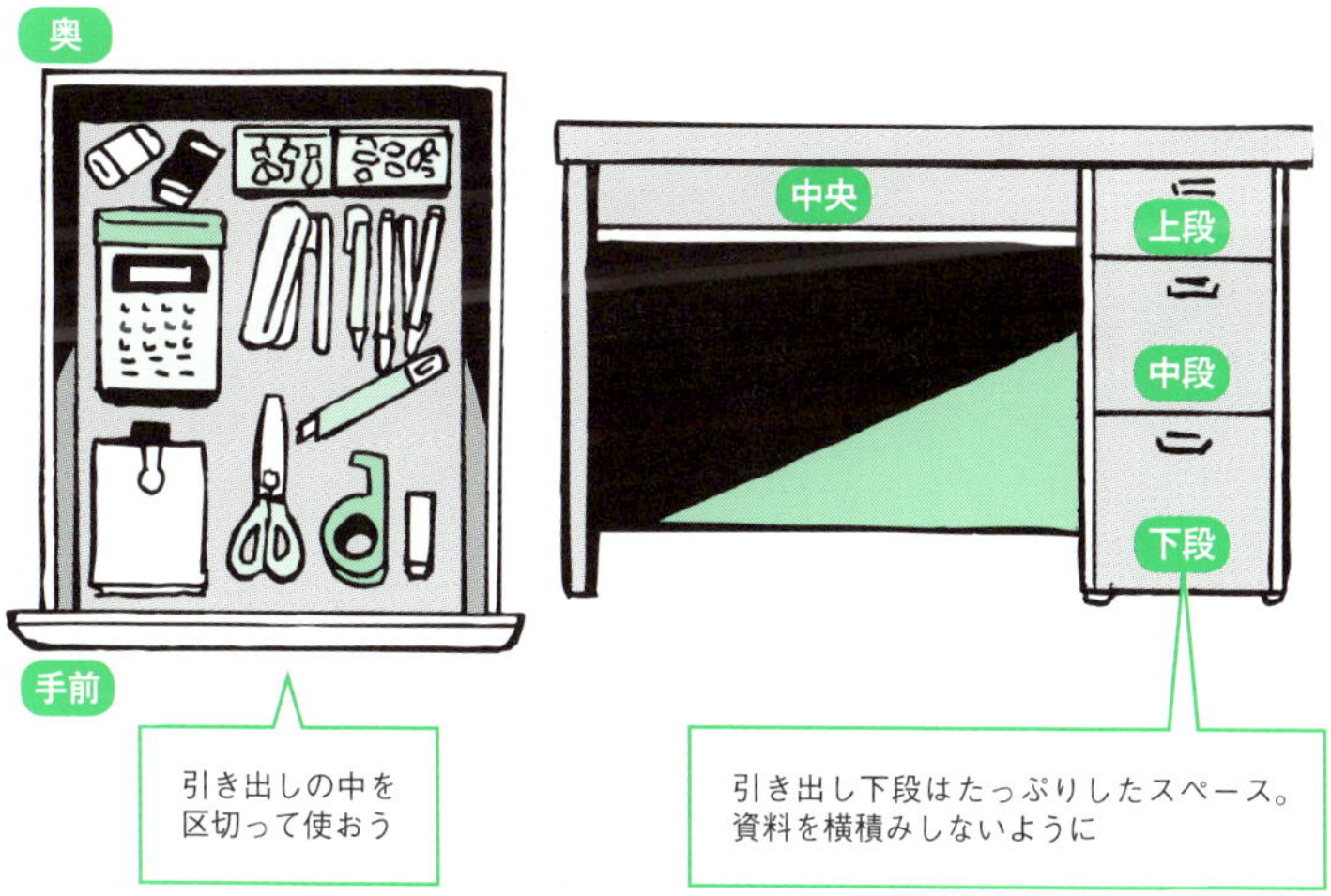

ここがポイント!

引き出し周りの収納を工夫

どう整理しても、引き出しだけでは資料や書類を収納しきれないという人もいるかもしれない。そんなときは自分のデスク周りにある空間を利用しよう。意外に使えるスペースはあるものだ。そこで引き出し周りで使える収納法のアレコレを紹介しよう。

1 紙袋を吊るして収納

デスクや椅子にフックをかけ、紙袋を吊るす。袋は、タスクや入れるモノの種類によって分ける。

2 側面を有効活用

引き出しの側面も、利用したい。マグネット付の側面用ファイルを使えば、文房具や資料が収められる。

3 足元も活用する

机の下の奥は、デッドスペース。ここに棚を置けば、あまり使わないが保存しておく必要があるものを入れておける。使わないディスク類の保管に最適だ。

4 番外編　ゴミ箱の置き方

ゴミ箱は、引き出しの開閉がしやすいよう、必ず机の左側に置く。

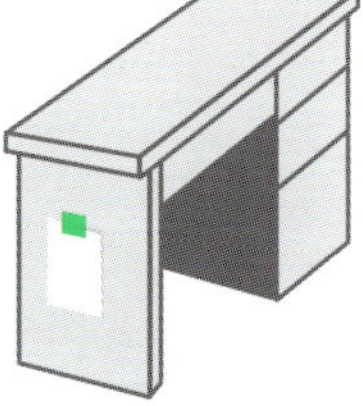
デスクの側面にマグネットのファイルを貼りつけている

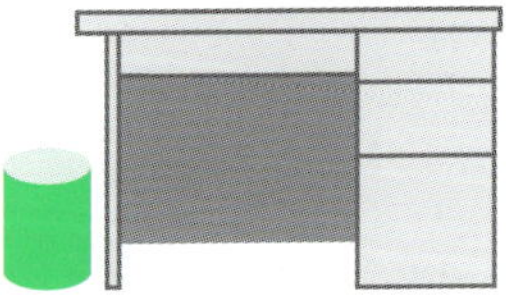
ゴミ箱は必ず左側に置く

TIPS

ダンドリのコツ

引き出しを使わない⁉
引き出しで総量規制⁉

引き出しで資料の総量規制をする

資料が増えすぎないように、総量規制をしよう。下段の引き出しを資料の保管庫と決め、そこから溢れるようであれば「新しい資料の分、何かを捨てる」ことを厳格にルール化。増えたら、その分捨てることを徹底する。

こんな使い方もある。引き出しを「かばん入れ」にしてしまう方法。仕事中は足元に置くことが多いかばん。ポケットのスキマから個人の携帯の着信ライトがチラチラ見えたり、読みかけの文庫本の背表紙が見えたりして、仕事の集中力をそぐことがある。それを防ぐために、出社時に仕事に必要なものだけを出し、あとはかばんごと下段のたっぷりした引き出しに入れてしまう方法だ。

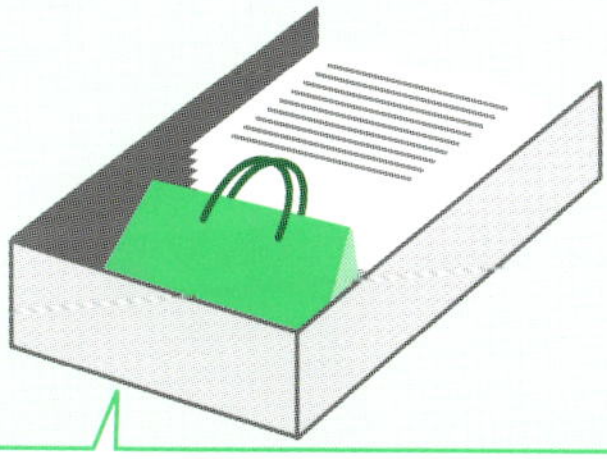

引き出しを「かばん入れ」にしてしまう

引き出しは使わないという選択も

席が固定されていないフリーアドレスを採用している会社が、少しずつ増えている。引き出しの中身は、当然最小限にしておく必要がある。

フリーアドレスではないが、デスクの上をすべて定位置化・見える化しておき、引き出しは「入れたら見なくなる」ので、使わないという人もいる。

とても自由で、多様な引き出し活用法。自分だけの使い方を考えてみよう。

④「ビジネス」と「プライベート」でカバンの中身を整理する

本当に必要なものだけを持ち歩く

〝持っていれば便利なグッズ〟は数多くあるが、それらを使う場面が外出先で本当にあるのか、よく検討する必要がある。膨れ上がったカバンは見た目が悪いだけでなく、必要なものがすぐに取り出せないなど機能性に欠ける。カバンの中も、デスク周りと同様に整理・整頓が必要だ。

カバンを整理するためには、まず一度、作業台の上にカバンの中身をすべて出してみるとよい。「こんなものまで入っていたのか」と驚くこと請け合いだ。よくあるのは、必要以上の文房具、以前使った地図、経費に関係ないレシート、期限切れの薬、古い雑誌や書籍など……。すぐに捨てて、カバンを軽くしよう。

ビジネスとプライベートを分ける

持ち歩くものを整理したら、次は整頓する。つまり、用途や使用頻度などを考慮して、カバンの中を〝レイアウト〟するのだ。

カバンの中は、グループ別に分けておくと便利。簡単で分かりやすいのは、「ビジネス」と「プライベート」の区分。名刺入れ、仕事の資料、ノート、筆記用具、デジカメなどの「ビジネス」と、ハンカチ、ティッシュ、薬やサプリメント、音楽プレイヤーなどの「プライベート」を、はっきりと分けて入れておこう。

ビジネスグッズとプライベートグッズを、それぞれ専用のポーチに入れて持ち歩くと便利だ。

☑ 大事な書類は見えないように

デスクの上や引き出しと同様に、資料は立てて入れるとわかりやすく、取り出しやすい。

カバンの中には大抵仕切りやポケットが付いている。開いた時に見えやすいところに「ビジネス」を、奥やチャックを閉じて見えないところに「プライベート」を入れておくとよい。

ただし、見えやすいところに重要な情報や資料をクリアファイルに入れたまま収納するのは、カバンの使い方以前のビジネスマナー違反。電車の中などでカバンの中が見えてしまうことがある。

大事な書類はクリアファイルではなく封筒に入れて見えないようにする、カバンの中の見えない・落とさない収容ポケットに入れるなど、配慮が必要だ。

●カバンはこのようにレイアウト

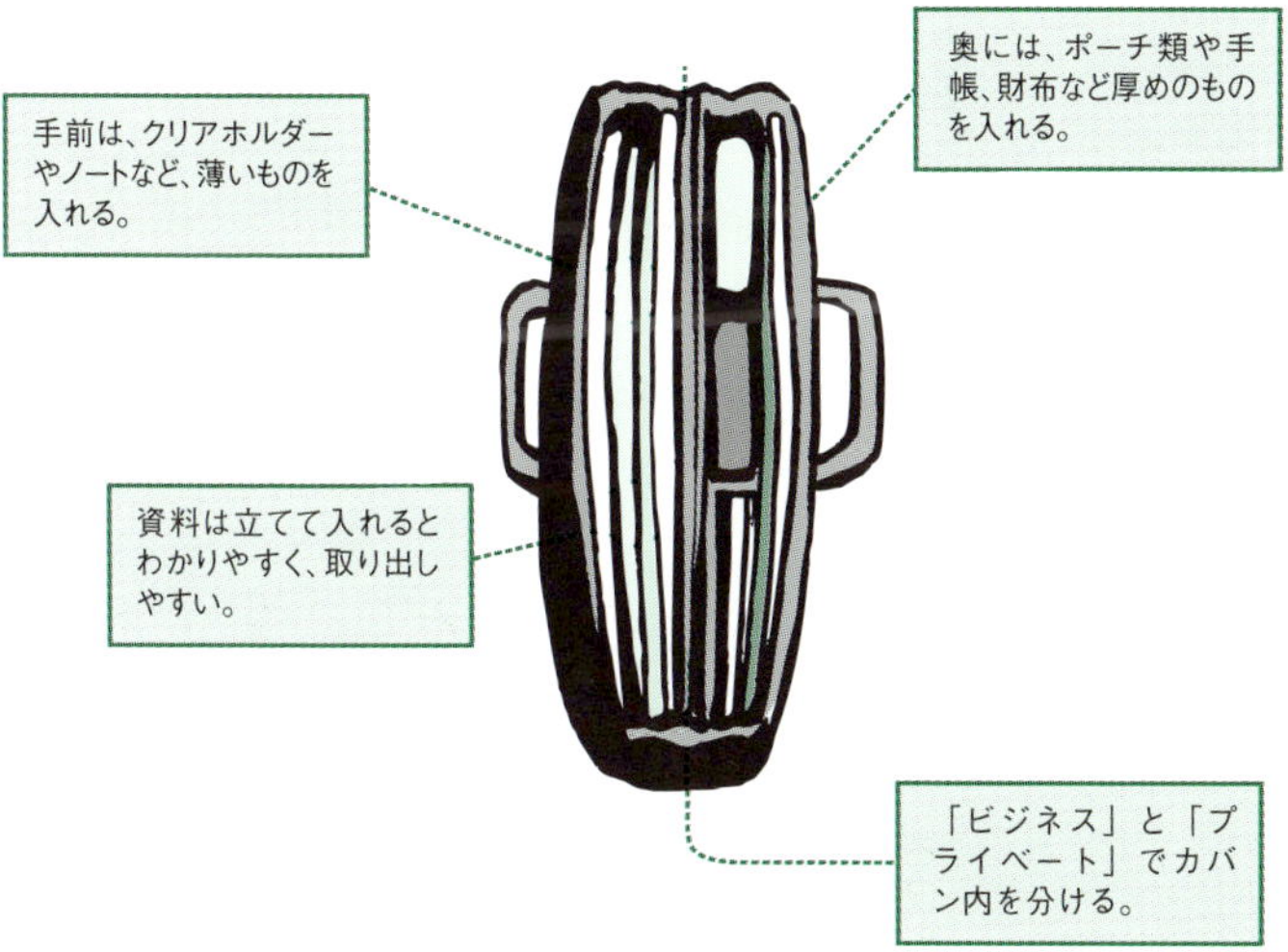
手前は、クリアホルダーやノートなど、薄いものを入れる。
奥には、ポーチ類や手帳、財布など厚めのものを入れる。
資料は立てて入れるとわかりやすく、取り出しやすい。
「ビジネス」と「プライベート」でカバン内を分ける。

ここがポイント! 出掛ける前と帰社後にチェック

カバンの中をスッキリさせるポイントは、出掛ける前と帰社後のこまめなチェック。使いっぱなしは禁物だ。出掛ける前は余計なものは持っていないか、帰社後は外出先で入手した資料をすぐにデスクや保管庫に入れるなど、常に整理・整頓を心掛けよう。

1 出掛ける前の習慣にする

名刺の補充、文房具やメモの確認、必要な資料の確認など、出掛ける前に必ずチェックするクセをつけよう。

2 帰ってきたら、すぐ「断捨離」

外出先から帰ったら、いらないレシート、使用して捨てそびれたティッシュ、駅前でつい貰ってしまった不要なチラシなどを捨ててしまおう。

3 ポケットの奥もキレイに

カバンのポケットの奥には、埃や紙きれなど、微細なゴミがたまりやすい。「週に一度」など期限を決めて、くまなくキレイにしておこう。

●こまめなチェックですっきり

出かける前 ✓	・名刺や文房具はあるか ・必要な資料はあるか
戻ったら ✓	・いらないレシートやティッシュはないか ・いらないチラシはもらっていないか
ここもチェック ✓	・カバンのポケットの奥 ・財布の隅

TIPS

ダンドリのコツ

カバン選びのチェックポイント

最低でもA4が入るものを選ぶ

カバンを選ぶ際に、チェックすべきポイントは次の通り。

- □最低でもA4サイズが入るか
- □防水性に優れているか
- □軽量か
- □スーツや靴に合う色か
- □床に置いた時に、立つか
- □型崩れしにくいか
- □ショルダータイプは肩ひもを外せるか
- □型崩れしにくいか
- □外側にポケットがあるか
- □中に仕切りがあるか

こんなカバンはNG

あまり派手なカバンや、カジュアル過ぎるカバンはビジネスでは使いにくい。大事な顧客に落ち着いた印象を持ってもらえるかどうか、購入する前に思い描いてみよう。

ショルダーバッグは、カバン以外に傘や荷物を持って駅の改札を通る時など、非常に便利。ビジネスパーソンも普通に使うようになってきた。しかし、ショルダーバッグはだらしなく見えるとして、好まない人もいる。訪問先では入館前に肩ひもを外し、カバンを手に持って入館するよう心掛けよう。

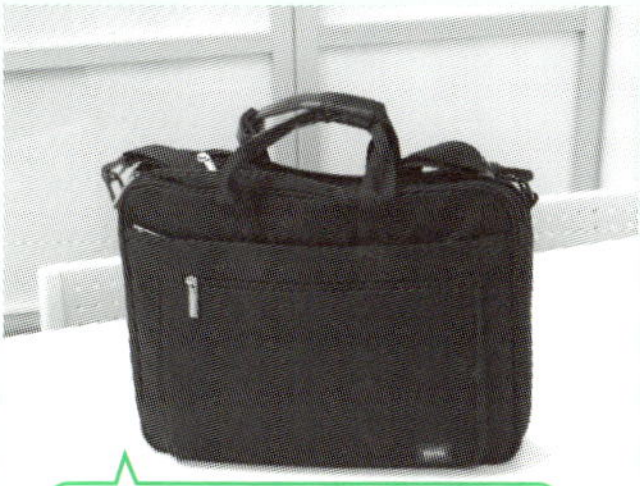

訪問先では肩ひもを外そう

5 自動化を推進 PCデータの整理術

デスクトップの整理術

デスクトップのファイルの整理・整頓は、デスクの整理・整頓と同じように考えよう。デスクに書類が山積みになっていると作業効率が著しく低下するのと同様に、デスクトップ上にムダなファイルを置いておくと、必要なファイルが見つけにくいだけでなく、PCの作業効率が低下する。仕事ができる人ほどPCのデスクトップがキレイだというのは本当だ。

デスクトップ上のファイルは、「とりあえずフォルダ」に入れてしまおう。フォルダ内に「保存」「保留」「処分」の3つのファイルを設け、そこに分別する。手が空いたら「保存」と「処分」はそのように対応し、「保留」ファイルは日付を入れて放置。一定期間後に、再度保存か処分かを選ぶ。デスクの整理と全く同じだ。

管理しやすいフォルダ名

整理が終わったら、整頓する。整頓とは、使いやすいように、どこに何を置くかをきちんと決めていくこと。PCのファイルを整頓する場合、フォルダに入れて管理する。フォルダは「営業」「画像」などの大分類、「A社」「B社」などの中分類、「社内報4月号」「新製品カタログ」などの小分類に分け、その下に文書データなどのファイルを入れていくツリー構造とする。最下層に入れるファイルの名前は、日付から始める簡潔な名前にすることで、検索性が高まる。

メールの整理は自動化がおススメ

平均的なビジネスパーソンが1日に受けるメールの数は15本～30本、送信するメールは10本～20本。大企業の管理職や役員クラスだと、1日に数百本のメールを受けることもある。これらの管理をどうするかは、仕事の効率に大きく関わってくる。

メールは、初めから時系列に沿って整理されているので、その管理は比較的簡単だ。一般的なビジネスパーソンの受発信数なら、メーリングリストや社内メール、重要顧客などは専用の別フォルダにするといった最低限の分類で十分に管理できる。ただし、その際の振り分けは自動化していくこと。フォルダの概念がないGmailでも、ラベル貼りは自動化しよう。一つ一つのメールに対する判断や手間を省いていくことが重要だ。

●フォルダ分け　活用例

クライアントで分ける

送信者を条件に振り分け設定

案件名で分ける

件名を条件に振り分け設定

プロジェクトで分ける

件名を条件に振り分け設定。タイトルに「○○プロジェクト」とつけることをルール化しておけば、多くの人が関わるプロジェクトでも、しっかりフォルダ分けできる

ここがポイント！ 複数の属性を持つファイルをどう処理するか

　ファイル管理をしていると、フォルダの分類から漏れるファイル、分類できないファイルが出てくる。こうしたファイルは日付入りの一時保存フォルダなどに入れることになる。では、複数の属性を持つファイルはどこに収納するべきか。その解決法は３つある。

1 ファイルをコピー、またはショートカットを作り、複数のフォルダに入れる

2 新たに、共通のフォルダを作る

3 1つのファイルに無限のタグを付けられるEvernoteを活用する

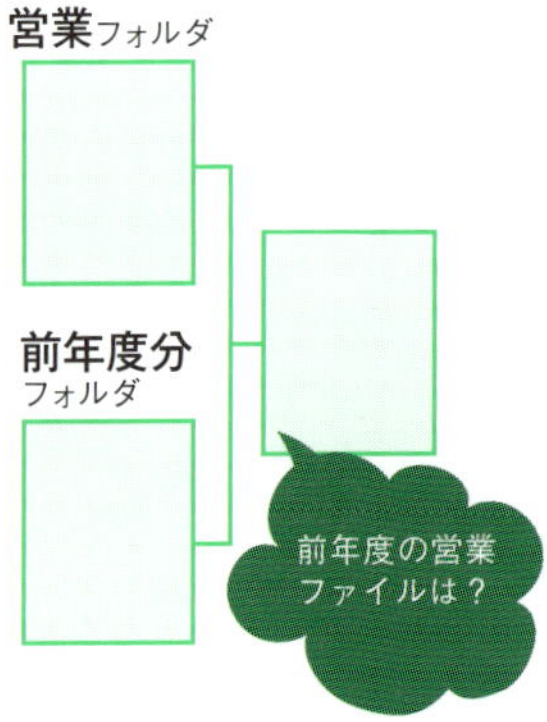

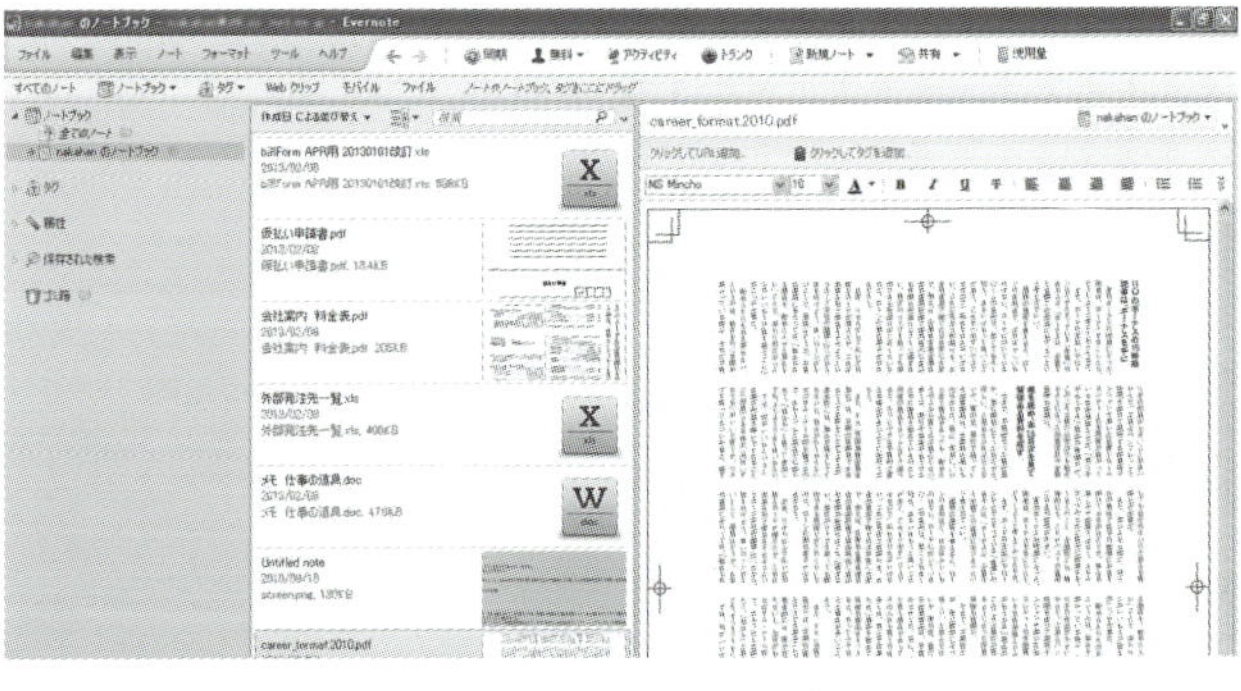

▲ Evernote 画面

ダンドリのコツ

逆マウス、ダブル・マウスを使いこなす

利き腕をフリーにする

　PCを操作しながらメモをとる、電話をかけるといったことは、日常的に行っているだろう。これが、意外とやりにくい。そこで利き腕ではないほうの手（右利きの場合は左）でマウスを操作してみると、右にあげたハードルが一気に下がる。

　キーボード操作を利き腕で扱えるので便利だ。左手操作専用の無線マウスを購入するもよし、マウスの左右クリックの操作設定を逆にするもよし。作業時間にもよるが2～3日程度で慣れ、その先は生涯楽になることを思えば、チャレンジする価値はある。

左右それぞれにマウスを設置

　さらに達人になると、左右に1つずつマウスを置くダブル・マウス方式を採用している。通常の作業は右マウス、メモをとったりテンキーを打ったりする時は左マウスを使う。ファイル選択やフォルダ開閉などは、左マウスで十分だし、マウスは左右に移動させたり持ちかえたりという手間が省ける。

　右腕、右肩の疲れが解消し、左手の操作で右脳が鍛えられるという副次的な効果も期待できる。これからは、できる人＝ダブル・マウスが当たり前になるかも？

⑥ 捨てながら本棚を整理する

収納スペースは有限だ

自分のデスクの上の本や雑誌を片付けることはもちろん、会社の資料棚、本棚を片付けてキレイに使うことは、社員としての大切な役割の1つだと心得よう。

本や雑誌は、購入する際にお金がかかる。買いっ放しで読まないのが一番よくない。せっかく買った情報は、一通り目を通す、回覧して情報共有するなど有効活用しよう。

本がやっかいなのは、放っておくと増殖する一方で、名刺のような小物と違ってかさばる点。積んでおく収納スペースにもお金はかかる。限られたスペースに、いかに有用な本だけを残しておくかは、オフィスの大問題だ。

どうやって捨てる本を選ぶか

本の整理も、デスクの資料やＰＣのファイルと同様の整理・整頓の考え方で取り組む。つまり、まず整理、要・不要を分けていく作業だ。

要・不要の判断は、

- 資料価値が高いか
- 再読の可能性が高いか
- すぐに再入手できるか

というポイントで決めていく。しかし、再読の可能性は、自分の成長の度合いによっても変わってくるものなので、判断が難しい。最も簡単な捨て方は「本棚が一杯になったら新しいモノを入れる時にその分捨てる」ことだ。

残った本を整頓する

整理して残った本は、整頓して使いやすいようレイアウトしていく。本棚は、実はあまり奥行きのないものの方が使い勝手がよい。奥行きがあると、どうしても蔵書が増えた際に奥と手前の2列配置をしてしまい、結果的に奥の本の検索性がゼロに等しくなるからだ。浅く、全体を俯瞰しやすい本棚を選びたい。

よくある本の並べ方は、本棚の形態に合わせて判型毎に分類するやり方。これだと、確かに本の収まり具合が美しく、来客を通す部屋などに向いている。蔵書が数百冊程度なら、この並べ方も悪くはない。

しかし、判型毎の整理は、検索性に劣る。蔵書量が多い場合は、本のテーマ・ジャンル別に置くか、著者名の五十音順で並べるのがよいだろう。

●本棚の整理のコツ

本棚は奥行きのないもののほうが使い勝手がよい。
本棚が一杯になったら、入れる分を捨てるようにする。
蔵書が多い場合は、本のテーマ、ジャンル別に置くか、著者名の五十音順に。

ここが
ポイント!

捨て方のポイント　再確認

本の捨て方は、つまるところ冊数で区切るか、空間で区切るか、あるいは時間的なリミットを決めて、オーバーした分を無理にでも捨てていくしかない。本を捨てる時に「もう一度読む」のはやめよう。再入手できる本は思い切って捨てていこう。

●本はリミットを決めて捨てる

100冊を超えたら

冊数で決める

「100冊を超えたら捨てる」というように、捨てる場合の任意の数を決めておく

本棚から溢れたら

空間で決める

「本棚がいっぱいになったら」「段ボールがいっぱいになったら」というように、空間でリミットを決める

毎月末に

時間で区切って処分する

毎月末には書籍を処分するとルール化し、共有のスケジュール帳などに書き込んで実施していく

TIPS

ダンドリのコツ

自分で書籍をデジタル化「自炊」に挑戦

所有の本をデジタルで読む

本好きの中には、本をばっさり断裁することに抵抗がある人は多いだろう。しかし最近では、保管用と自炊用に2冊購入する人も出てきている。また、自炊をすれば現在、電子書籍化されていない本でも、好きな本を電子書籍として利用ができるようになる。整理・整頓の面でも省スペース化ができて、検索性も高くなるなど、デジタル化の恩恵が受けられる。

ただし、複製品をつくることになるので著作権に関する問題には注意が必要だ。

自炊を実践してみよう

「自炊」は、次の手順で行う。

① 本をカッターなどでばらし、スキャンできる状態にする。個人向けの裁断機もある

② ドキュメントスキャナを使って、連続して取り込んでいく

③ デジタルデータに保存し、タブレット端末などで読む。専用の読書ビューワアプリを使うと読みやすい

自炊したデータは、書籍そのものよりもはるかに可搬性に富み、通勤時間などに本棚ごと持っていけるような感覚が受けている。

⑦ まず21日間続けてみる 整理整頓の習慣化

整理・整頓は習慣化しないと意味がない

整理・整頓は年に一度の大掃除のときにだけに行えばよいというものではない。1日、1週間、1カ月というサイクルの中でできることを行い、それを習慣化していくことが重要だ。整理が苦手だという人も、「整理・整頓も仕事である」という認識を持って取り組んでほしい。

まず、1日の整理は最低10分でもいい。出社時に5分、帰宅前に5分は必ず時間をとろう。内容は書類をデスク上にためておかないクリーンデスクの作業を中心に行うとよい。プラスして、メールチェック時に必ず1分、整理の時間をとる。チェック時に受信するだけだと、1000件位あっという間にたまってしまう。そうなってから整理するのは大変だ。日々の少しの整理で、労力を大幅に削減できる。

21日間続けることで習慣化できる

人は21日間（3週間）程度、同じ行動を続けると、急速にその行動をすることへの抵抗感がなくなり、習慣化する確率が高まるといわれている。脳科学研究の分野でも、同じ行動を繰り返し2週間～4週間程度続けることで、その行動をとるための神経細胞間をつなぐ接合部（シナプス）がつながり、習慣化しやすくなることが実証されているのだ（ニューヨーク病院の形成外科Maxwell Maltz氏の研究等）。

毎日の整理・整頓も、3週間をメドに頑張ってみて欲しい。ある日、急に当たり前のように片付けている自分に気が付くだろう。

週1回、月1回の整理・整頓

毎日の整理・整頓の習慣化に取り組みながら、週1回、月1回、そして半年、年に1回という大きな整理・整頓のサイクルを同時に習慣にしていこう。

週1回は30分程度時間をとる。カバンの中、ファイルの中など、身の回りをきれいにしよう。

月1回、月末には別途30分とる。ここでは保留箱の確認・再仕分を行おう。

半年に1回は60分確保する。ここでは保管スペースの清掃をしよう。年に1回は2時間～3時間、しっかりと時間をとって、これらを総括的に行う。

●整理・整頓のペース

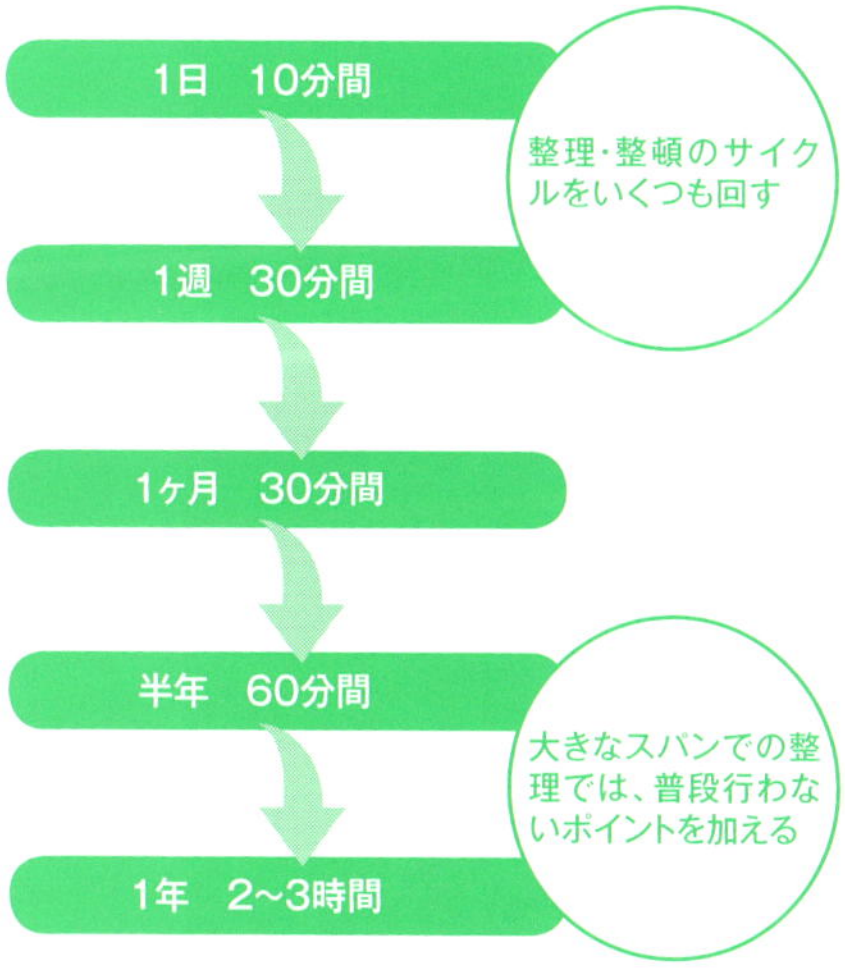

ここがポイント！ 朝・夕以外の整理タイム

出社時・帰宅前の習慣化された整理タイムの他にも、整理・整頓に適したタイミングがある。片付け上手な人は、次に紹介するようなタイミングを逃さない。忙しい中、無理に整理の時間を作るより、ちょっとした瞬間に整理するクセをつけよう。

1 会議直後に

会議の前後は、ちょっとしたスキマ時間ができやすい。不要な資料をその都度捨てるなど、こまめに整理しよう。

2 仕事の区切りに

1つの仕事を15分、あるいは30分単位で進めていると、1時間単位で区切るとき以上にスキマ時間ができやすい。一仕事／一片付けをセットにしてしまおう。

3 トイレに立つ前に

トイレに立つ前をメールチェックタイムにしている人もいる。

Yes・Noの返事は手早く返し、考える必要があるものはトイレ中に考え、戻ったら素早く処理。これも効率化の1つの方法だ。

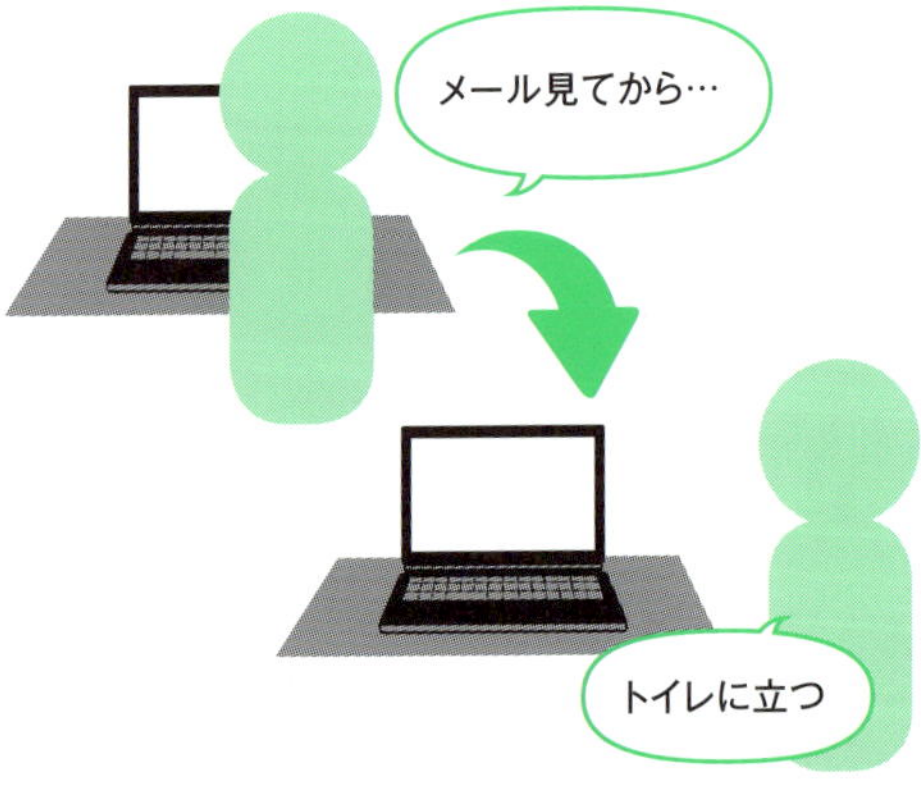

TIPS

ダンドリのコツ

片付けなくても効率アップ?!

書類はあえて積み上げる?

整理術に正解はない。強いていえば、自分が最も効率的に仕事が進む状態が正解だといえる。中には一般的な整理術のセオリーに反して、効率アップに成功するケースもある。

デスク上の書類、引き出しの中の書類がセオリーを無視して、横倒しのまま、山積みになっている。こういう状態の人は、大抵仕事ができないことが多いが、中にはなぜかテキパキ仕事をしている人もいる。

そんな人は、独自のセオリーを持っているのだ。例えば、自分で決めた場所に置いた資料だけは週に一度確認する。クリアフォルダーに放り込んでおいた資料が、一定数を超えたら一気に仕分けるといった具合だ。

マイルールを作ろう

上記のような方法は、誰にでもおススメできるものではない。しかし、一部でささやかれている「断捨離疲れ」（モノを捨て続ける生活に疲れる、1度はスッキリするが、すぐにリバウンドしてしまうなど）になってしまっては元も子もないし、何より良くないのは整理・整頓に対して、全く無意識・無自覚になってしまうことだ。

ほめられるような整理術ではないとしても、自分ができることや、整理・整頓の必要性を自覚しているからこその作戦だろう。ひとまずは、このような段階にたどり着くことが先決だ。

自分がきちんと守れて、続けていけるマイルールを作り、無理せず習慣化していこう。

⑧ 1ボックスに資料を凝縮 フリーアドレスの仕事術

1つのボックスに仕事の資料を凝縮

オフィスに固定席を設けない働き方、フリーアドレス。フリーアドレスではごく小さな個人用ロッカーが与えられ、そこに入る分の荷物だけを所有して、引き出しのない机を移動していく。フリーアドレスでは出社すればそのまま前日の仕事の続きを進められるわけではないので、帰宅時にはモノを捨てながら、真剣に翌日のダンドリを考える。フリーアドレスで働くAさんは、引き出し代わりのボックスに「明日使う」「今週使う」資料を区分けして収め、それ以外はデータで保管するか、紙は廃棄する。こうした日々の積み重ねによって、整理整頓が進むだけではなく、考える力がついたという。

なりきりフリーアドレス

このフリーアドレス式仕事術を取り入れない手はない。毎日、帰社時に行っている整理整頓や翌日のダンドリを「明日はこの席で仕事できない」と仮定して、必要なものを1つのボックスにまとめてから帰ろう。いわば、〝なりきりフリーアドレス〟だ。

翌日の仕事中は、必要なものはすべてそのボックスにあるため、モノや資料を探す手間が大きく省ける。決められたダンドリに沿って、ボックスの手前から奥に向かって資料を使い、タスクを進めていけばよいのだ。帰る前にはまた、翌日のダンドリをボックスにまとめてから帰る。

たまには本当に〝一人フリーアドレス〟

集中したい作業がある日は、仕事の資料を収めたボックスとノートパソコンを持って、空いている会議室や共有作業スペースなどに移動してしまおう。もちろん周囲に一声かけて了承を得ておく必要があるが、会社によってはこうした〝一人フリーアドレス〟を認めているところもある。

また、ユニークな仕事術としては、自分のデスクの横に、会社支給の椅子とは別に、個人の椅子を持ち込んで、〝座り分ける〟ことで効率を上げている人がいる。個人の椅子に座る時は企画出しなどの〝考える系〟の仕事を集中して行い、その椅子に座っていること自体が〝集中しているから邪魔するな〟のサインとなって、周囲も話しかけてこないという。

●フリーアドレスの意識を整理に活用する

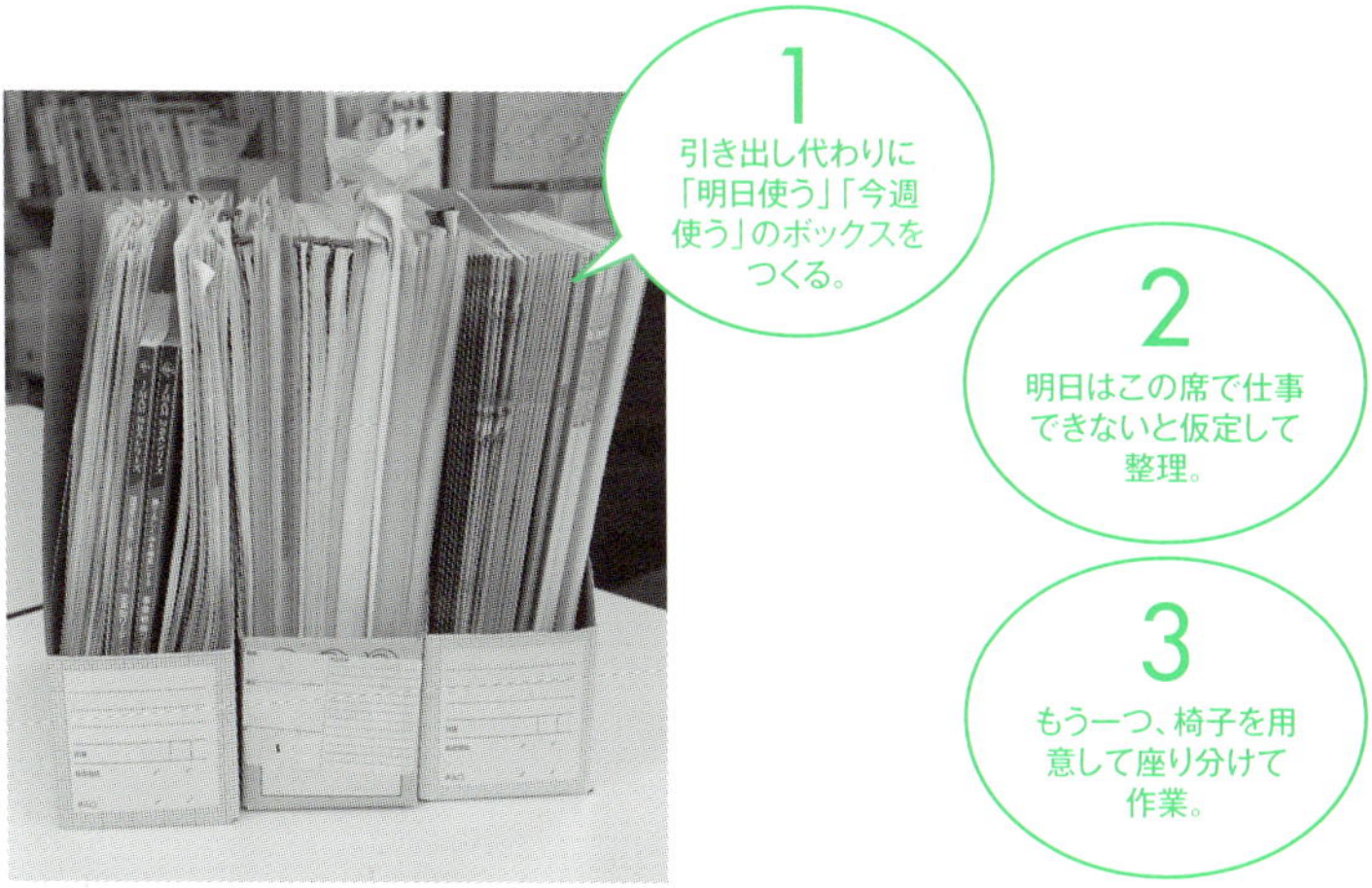
1
引き出し代わりに「明日使う」「今週使う」のボックスをつくる。
2
明日はこの席で仕事できないと仮定して整理。
3
もう一つ、椅子を用意して座り分けて作業。

ここがポイント!

どこでも仕事セットを作ろう

座席を定めないフリーアドレスにしろ、オフィスに縛られずに働くノマドにしろ、効率的に仕事ができる“どこでも仕事セット”を持って歩くからできること。いつも使っている文具やモバイル機器を専用ポーチにまとめるのがポイント。どこでもできる仕事セットの内容を紹介しよう。

モバイル機器
携帯電話、スマートフォン、タブレットなどのモバイル機器。プラスして絶対忘れてはいけないのが充電機器だ。
ノートパソコン
これがなければ話にならない。軽量で、電池が長持ちするモノがよい。
手帳
スケジュール管理に、メモ使いに。これも必須のアイテムだ。
文房具
色別のペン数本はもちろん、クリップ数個、小型のはさみ、ノリ、ふせんなども持っておきたい。
専用ポーチ
ノートパソコン以外をひとまとめにできる専用ポーチがあれば、“どこでも仕事セット”の完成だ。

TIPS

ダンドリのコツ

集中力が高まる立ちデスクを使ってみる

健康にいい？ 立ちデスク

長時間座って仕事をするのは身体に悪い――そんな研究結果があるそうで、健康ネタに敏感な米国民の間で、少しずつ〝立ちデスク〟が広まってきているという。立ちデスクのメーカー、ビヨンド・ザ・オフィス・ドアではわずか1年半で売上が3倍になったとか。

立ちデスクでは、集中力が高まり、仕事の効率が上がるそうだ。日本でもグーグルの一部社員が取り入れ、勤務時間の7割程度を立ったまま働いている。健康に良く、能率も上がる立ちデスク、日本でも広まっていくだろうか。

一人で勝手に立ちデスク

米国で始まった立ちデスクは、きちんとそれ用に設計されているため、PC作業なども立ったまま行う。この仕事術をすぐにそのまま取り入れることは難しいが、簡単な資料整理などはリフレッシュも兼ねて、立って行ってみるのもいいかもしれない。

少なくとも周りの席から「何してるの？」と声がかかり、コミュニケーションの活性化には役立つかも⁉

⑨ 整理・整頓のお助けグッズ活用術

仕事の道具は自腹で買え

会社支給の文房具は、可もなく不可もない製品が多い。建築家の安藤忠雄氏は「仕事の道具は自腹で買え」と提唱している。そのほうが責任をもって選ぶようになるからだ。

お気に入りの道具を使うことで仕事が楽しくなること、いい道具を使うことで仕事の効率が上がること、いい道具に自費を投入することで〝仕事で回収しよう〟という意欲が高まることなど、確かにいいことずくめだといえそう。

ここでは、仕事の効率アップ、整理術に役立つオフィス用品、文具の中から厳選していくつか紹介しよう。

キングジム
『スーパーハードホルダー透明』
0.4mm
スタンドに立てた時に折れ曲がりにくいクリアファイル。ボックスに入れて曲がってしまって、見つからなくなることもない。

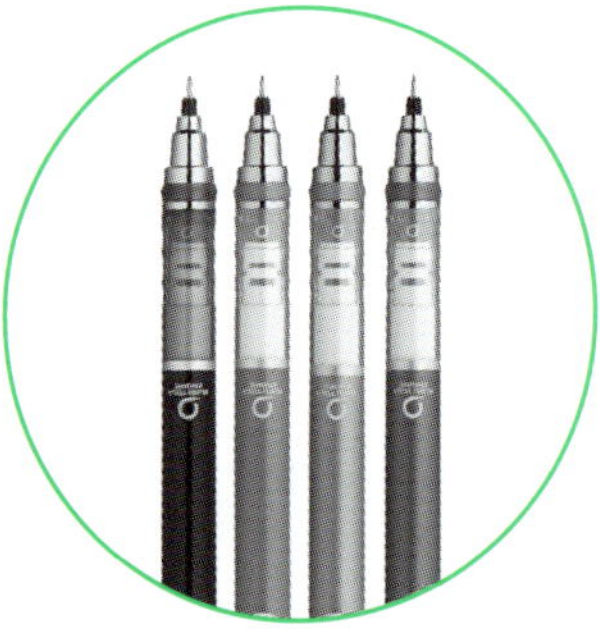

三菱鉛筆
『クルトガ』
芯が回転して、とがった状態を常に保つシャープペンだ。芯が折れにくい点も特徴となっている。

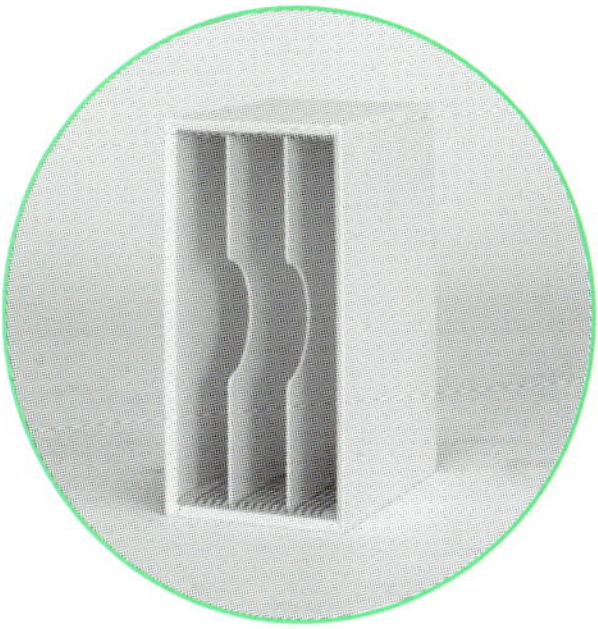

アールエフヤマカワ
『マルチモジュールファイルスタンド』

クリアファイルなどを立てて整理するときに、最適なファイルスタンド。仕切り棚は可動式になっている。

ELECOM
『ブルーライトカット液晶保護フィルム』

PC画面に貼るとブルーライトがカットできる保護フィルム。通常の使い方に比べると、目の疲れ方が違ってくる。

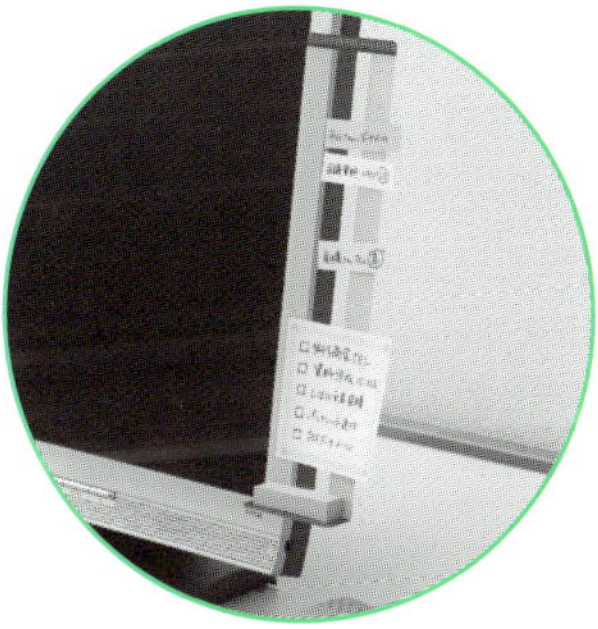

ライオン事務器
『ToDoI:TA（トドイータ）』

PCモニターの横に設置するふせん貼りつけ専用ボード。PCに直接貼るよりも、ふせんのメモが剥がれにくい。

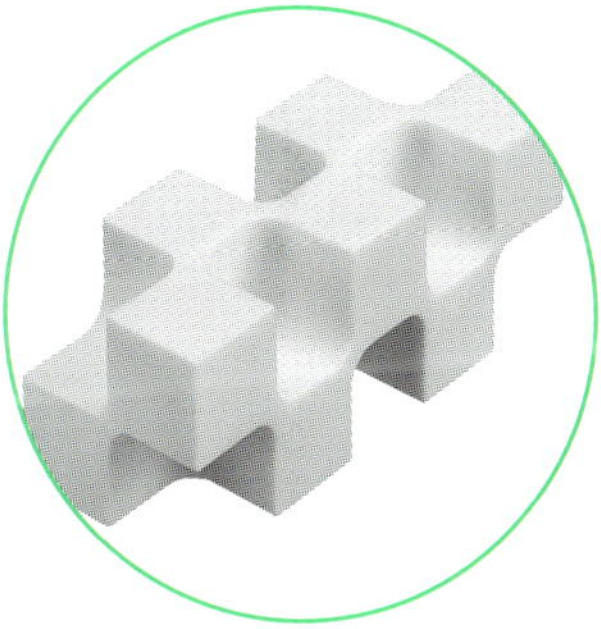

コクヨ
『カドケシ』

28個もの角がある消しゴムで、それを使って細かな文字修正が行える。キレイに消したい人にはぴったりだ。

Column

どうしても片付けられない人の
開き直りの整理術

整理のためのハックは数あれど、その基本は「いらないものは捨てる」「使ったものは元に戻す」に尽きる。

しかし、この簡単なルールが守れないからこそ、人は四苦八苦するのだ。忙しいビジネスパーソンであればなおのことで、どんなによい整理ハックを教わってもどうしても片付けられない人もいる。

それならば、いっそのこと、片付けられない前提で整理することを考えてみてはどうか。

使ったものを元に戻せない人は、戻さなくてもいい。その代わり、「返却ボックス」を用意しておき、使ったものは何でもそこに入れてしまう。1日の終わりに、「返却ボックス」からまとめて戻す時間を作ろう。効率の面から考えればムダな時間ではあるが、必要以上にデスクが乱雑になることを防ぎ、使ったものを失くしてしまう危険も防ぐことができる。

また、「文房具の整理ができず、どこにあるかいつも探してしまう」人は、本来は基本の定位置管理を行うべきだが、なぜかそれができない。ならば、反対に「複数の文房具をあちこちに配置しておく」のはどうだろう。はっきり言って非常にムダだが、できないものは仕方がない。

整理整頓は、長続きしなければ意味がない。自分ができる範囲で仕事に支障が出ない程度に片付けておくという柔軟性も、長続きさせるコツだ。

第4章

書類・資料・名刺・情報を整理する

① 仕掛ボックスを活用 書類の整理術

書類整理の基本

書類を整理するためには、いくつかの鉄則がある。まずはそれを紹介しよう。

・ファイルやホルダーはA4サイズで統一

ほとんどの書類はA4を基本としている。それ以上の大きさのものは折って入れればよい。中が見えるクリア仕様というところがポイント

・書類は寝かせない。とにかく立てる

書類を山積みにすると、探す時に大変。立てて置くことで探しやすくする

・ファイルボックスは定位置を決める

ファイルを収めるボックスは、案件ごとに置き場所を決めておくこと

ファイリングの流れ

ファイリングには基本となる手順がある。

・不要な書類を廃棄

まずは不要な書類を廃棄すること

・書類を分類し、整理する

残った書類を仕分けする

・共有しておく書類はないか確認し、総量を減らす

仕分けができると、個人のデスクに置いておくべきものと、共有スペースに置くべきものが出てくる。少しでも、個人の書類の総量を減らしていこう

・ここまでの流れを継続する

継続して行うようスケジュールに入れる

仕掛ボックスの整理術

机の上には、作業中の案件の書類しか出ていない状態が理想だ。しかし、割り込み仕事が発生したり、複数の仕事を同時に進行しなければならない場合もある。

そこで活躍するのが仕掛ボックス。現在進行中の仕事の書類は、すべてここに収めるようにする。ポイントは、1案件につき、1つのファイルにまとめること。3つの案件が進行していればファイルは3つになる。

ファイル内に入れる書類の順番も決めておこう。基本情報、見積もりなどのお金にまつわる情報、相手に渡した書類、相手から受け取った処理というように入れる順番を決め、どの案件のファイルも同じ順にしておくとよい。こうすることで、外出時に誰かに書類の確認を依頼しても、すぐに見つけることができる。

●現在進行中の仕事の書類は、すべて仕掛ボックスへ

ここがポイント！

書類の立て方

書類、書籍等はもちろん、CD-R、DVD-R なども含めて、資料はすべて立てておくことが大切だ。机の上はもちろん、引き出しの中段、下段の資料も立てる。立てる際には各ファイルに大きく見出しを付け、ボックスなどに入れて立てること。それによるメリットは、次の通りだ。

1 スペース効率がよくなる

髪の面積と薄さを考えれば、横に寝かせて置くより立てたほうがスペース効率がいいのは明らかだ。

2 全ての資料が見える

横置きにすると、見える資料は1番上だけ。見出しを付けて立てておけば、すべての資料を俯瞰できる。

3 すぐに取り出せる

資料を寝かせておくと、下の資料を取るのが大変だ。立てておけば、取るのも戻すのも楽にできる。すぐ取り出せるようにしよう。

× 平積みはやめよう

○ 立てておけば、取るのも戻すのも楽

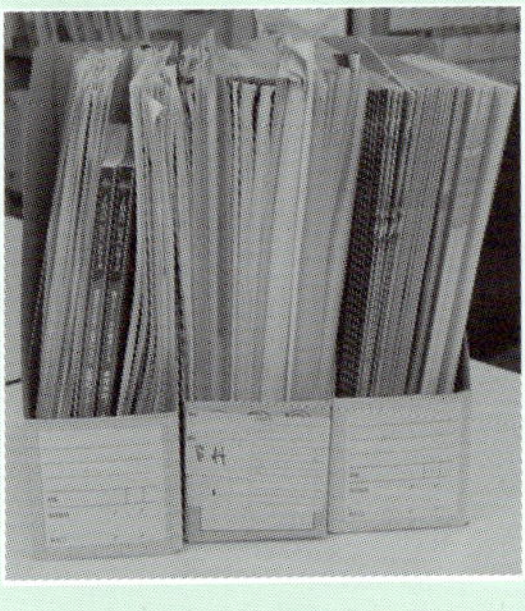

TIPS

ダンドリのコツ

新しく入ってきた仕事は ひとまず受取ボックスへ

手つかずの仕事をまとめて入れる

仕事をしている最中にも、新たな仕事は発生する。その度に作業の手を止め、分類していたら、仕事の効率が落ちてしまう。新しく入ってきた仕事は、内容をさっと見て緊急でないことを確認したら、手つかずのまま受取ボックスにいれてしまおう。Eメールの受信ボックスのイメージだ。

緊急で、すぐに対応が必要なものは、作業中の仕事の資料を入れる仕掛ボックスに入れる。

受取ボックスと仕掛ボックスを連動させることで、仕事の流れがよりスムーズになる。

回覧書類は受取ボックスへ

内容を確認し、次の担当者に回すだけでよい回覧書類は意外と多い。これを溜めておくと、他者に迷惑がかかるだけでなく、溜めた資料をまとめて見る時間も作らなければいけなくなる。回覧書類は受取ボックスに入れもらうようにルール化し、受け取った書類はスキマ時間を使ってこまめにチェックしていこう。これによって、回覧書類を乱雑な机に置かれて、紛失してしまう事故も防ぐことができる。

仕掛ボックスと連動させよう

② 書類を捨てる・捨てない技術

捨てる書類の見分け方

書類が増える一方なのは、きちんと仕分けして捨てる作業を行わないから。捨てるべき書類は次のとおり。

・使用済みの書類
仕事が終わって不要になった書類は捨てる

・保存期間を過ぎた書類
ルールで決めた保存期間を過ぎたものは捨てる

・同じものが複数ある書類
同じ書類が2枚ある、ＰＣにデータがある等の書類は捨てる

・郵便物・ＤＭなど
開封し、確認・処理した郵便物は捨てる

いつ捨てればいいのか

書類はいったいいつ捨てるべきか。重要書類の場合は、その有効期間や保存期間が記されていることが多いが、問題はその他の書類だ。下記を参考に、自分のルール、あるいはチームのルールを決めてしまおう。

・1カ月以内
保存不要、または短期間の書類。メモや、日常業務の書類

・3カ月～半年以内
日常業務で使用済みだが、後日同様の仕事で参照する可能性があるもの

・1年以上保存
決済関係、契約書類など

捨てない技術もある

弁護士のAさんは、書類の山で埋め尽くされた机で仕事をしている。「整理する時間や捨てる時間を取ることがムダ」と考え、独自のルールで書類を処理しているのだ。

例えば、「書類は山積みにするが、手が届く半径50cm以内に置く」「山で必要なものは上から3cm分だけ。下のものは不要と割り切る」「10秒探して見つからないものは諦める。大抵同僚が持っている」など。

また、営業職のBさんも、書類は引き出しの下段に山積みのまま投げ入れる。そこには「防衛ライン」が引いてあり、そこまで積み上がったら整理するらしい。

これらを真似する必要はないが、基本通りの整理整頓がどうしてもできない人は、参考にして「自分のルール」を作ってみよう。

●究極の技術

山で必要なものは上から3cm分と割り切る

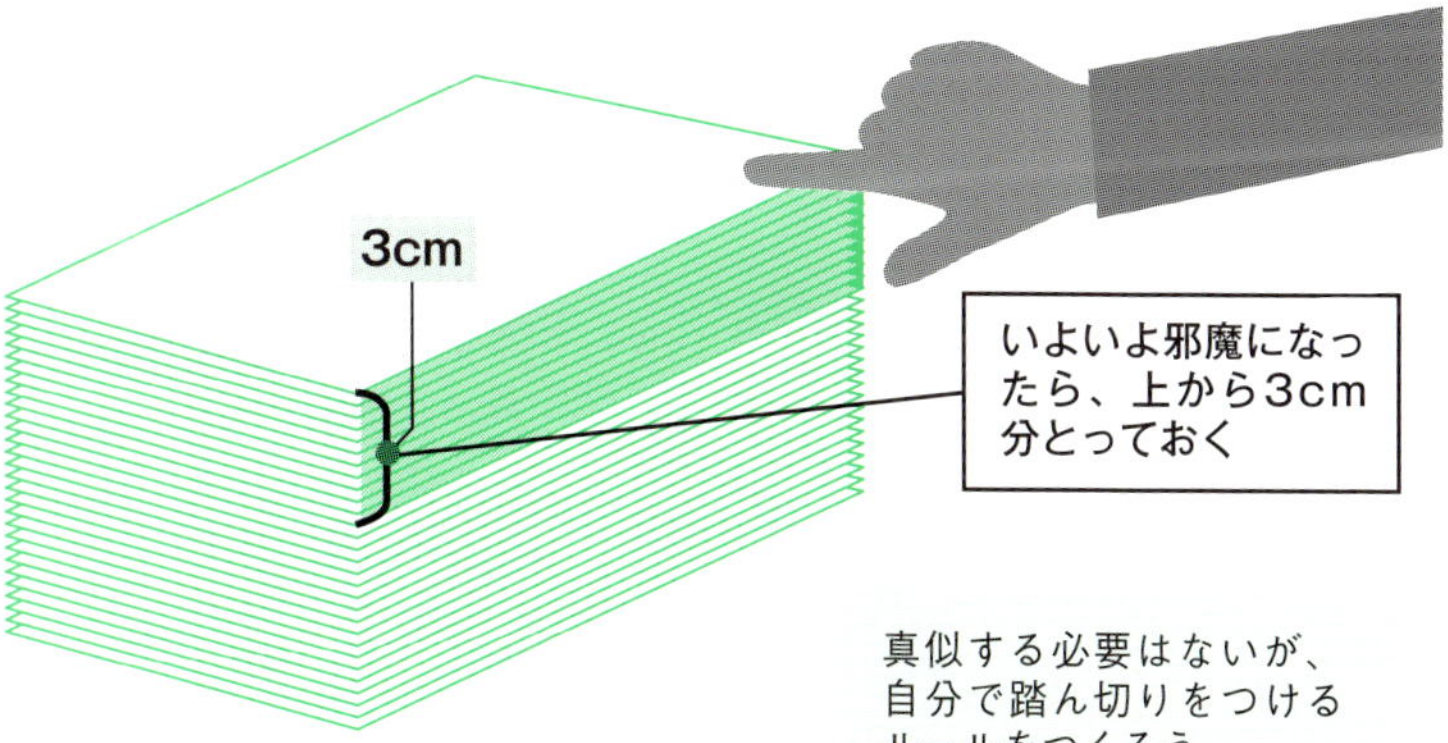
3cm
いよいよ邪魔になったら、上から3cm分とっておく

真似する必要はないが、自分で踏ん切りをつけるルールをつくろう。

ここがポイント!

書類廃棄のステップ

書類を捨てるのは、実は結構勇気がいる。「自分の判断で捨ててしまって、後々大きなトラブルになるくらいなら、とっておいたほうが無難だ」という、心理的なブレーキが働くからだ。それを断ち切って、捨てるべきものは捨てることが大切。捨て方の手順は次のとおり。

1

すべてまとめる

机の上の書類は、いったんすべてを段ボール等にまとめてから整理する。

2

他の場所に手を付けない

引き出しの書類の整理は、上段・中段・下段それぞれに行う。上段を整理しながら下段の書類も確認するというように、他の場所に手を付けると効率が落ちるのでNG。集中して行おう。

3

廃棄書類は直接捨てる

明らかに廃棄すべき書類は、廃棄ボックスなどに入れるのではなく、できる限り直接シュレッダーにかけたり、溶解ボックスに入れるなど、廃棄の手続きをする。他のものと一緒になるのを防ごう。

できる限り、直接捨てるクセをつけよう

ダンドリのコツ　TIPS

捨てるために捨てないリストを作る

捨てるための「捨てないリスト」

どうしても、書類が捨てられない——そんな場合には、逆の発想をしてみよう。本当に残しておくべきものを、リスト化するのだ。

・他の人が作成した書類は捨てない
・PCにデータを取っていない書類は、捨てない
・再入手できない書類は捨てない

このようにリスト化しておけば、考える時間をとらずに、残しておくべき書類がわかる。あとは、他の書類をすべて捨ててしまおう。

とりあえずとっておく

残すべきか、捨てるべきかで考え込んでいては、それこそ時間のムダだ。そんなことで悩むくらいなら、とりあえず残しておくのも1つの手段だ。もちろんスペースがあればの話。

ただし、いつまでも残しておかないこと。「段ボール一杯になったら捨てる」「1カ月したら捨てる」など、時間や空間で制限を設け、自分のルールで処理をしていこう。

ダンボールがいっぱいになったとき、捨てるかどうかを決める

③ 進行状況別に分類 ファイリングの技術

手軽で便利なクリアファイル

ファイリングの基本はA4のクリアファイルを使うこと。その時に、例え1枚の書類でも、出しっぱなしにせず必ずファイルに入れて保管するクセをつけたい。今は1枚しか書類がなくても、その案件で追加の資料が発生する可能性もある。それに、他の案件で別の1枚、回覧で1枚と溜まってくれれば、すぐにデスク上は乱雑になってしまう。1枚の書類もきちんと分類し保管することこそ、デスク整理、書類整理の基本だ。

ファイルに入れておけば、探しやすくなる、紛失を防止できる、書類が折れない・汚れない、持ち運びしやすいと、いいことだらけだ。

ファイルに入れるルール

書類をファイルに入れるときにもルールがある。処理は案件(またはテーマ)ごとに分け、それをクリアファイルに挟み込んでいく。1枚の書類が複数の案件に関係する場合は、コピーを取ってそれぞれのファイルに入れる。

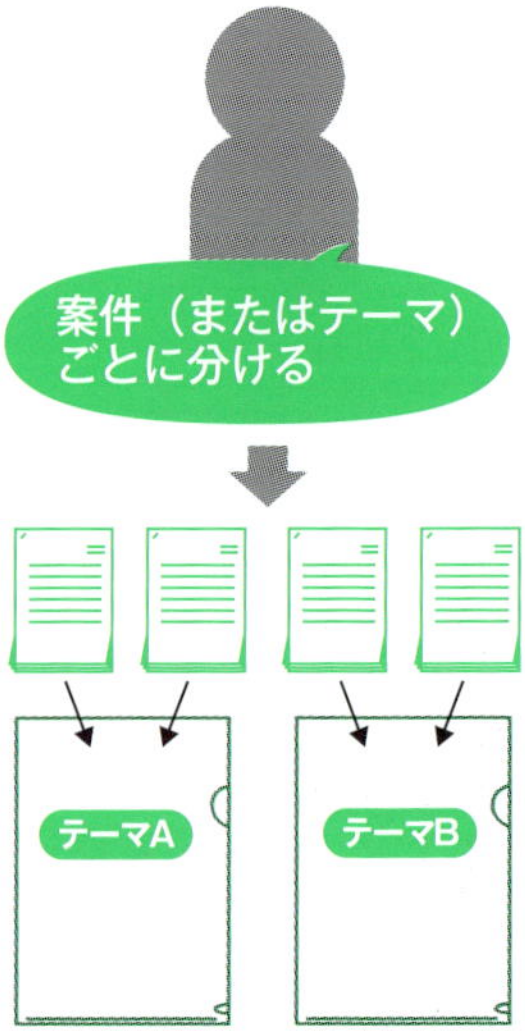

ファイルの動かし方

ファイルは、「受取ボックス」「仕掛ボックス」や、「処理前」「保留」「保管」等に分けたボックスや引き出しに入れていく。要は、「進行状況別に分類していく」ことがポイントだ。そして、仕事の進み具合に合わせて、ファイルを移動させていく。

ファイルの動かし方は、次のとおり。

・**「処理前」から動かす場合**
ここにあるファイルの仕事をこなしていく。後回しにしたい仕事は「保留」へ、終了した仕事は「保管」へ移す

・**「保留」から動かす場合**
終了した仕事は「保管」へ、今後使わないなら廃棄する

・**「保管」から動かす場合**
期限を決めて、各ファイルを見直し、廃棄する、返却する、維持するなどを決める

●ファイルを動かす流れ

ここがポイント!

チーム共有のファイルで失敗しないコツ

会議の議事録を保管しておく、親睦会の案内を回覧するなど、チームとしてファイルを扱う場合がある。そんな時に、全員が人任せの姿勢でいると、紛失や破損などの事故につながる。ここで紹介するチームでのファイル管理のポイントを踏まえて、率先してファイル管理に取り組んでいこう。

1 すべてのファイルの管理表を作る

管理表を作成すれば、そのファイルがどこにあっても「どんなファイルか」「いつ捨てればよいか」などがわかる。

2 自分達のルールを作る

ファイル管理に関してのルールを作り（誰が管理表に記入するか、いつ記入するかなど）、全員に周知徹底する。

3 整理も仕事と心得る

ファイルの整理は緊急性や生産性は低いかもしれないが、これも大切な仕事の一部と理解し、当番制などで管理する。

4 グッズを活用し効率化する

整理整頓に関する便利なグッズが増えている。それらを活用して、少しでも手間を省いていく。

TIPS

ダンドリのコツ

色に意味付けする カラーファイリング

ファイルを色分けする

クリアファイルでも、無色透明なものだけでなく、薄く色が付いているものがある。これをファイリングに活用しよう。

交通標識や信号を見てもわかるとおり、色は視覚に訴えてくる。危機感を連想させる色や、落ち着いた気持ちになる色など、色には見る者の心に訴える力がある。これを利用するのだ。

例えば、緊急かつ重要な書類は赤いファイル、重要だが時間に余裕があるものは黄色のファイル、見積や請求書などは青のファイル、そしてそれ以外を無色透明なファイルに分類する。

色分けの注意点

ファイルを色分けして使う場合、注意したいのは色の使い過ぎだ。かえってどれが重要なのかがわかりにくくなってしまう。

また、仕事の案件ごとに色分けしようとすると、仕事は日々増えていくので無理が生じてくる。本当に重要な案件、緊急の案件のみ、色分けするようにしたい。

また、事前にカラーファイルを十分用意しておくことも重要。「赤いファイルがないからオレンジに入れておこう」といったその場しのぎの対応をすると、かえって混乱してしまうからだ。

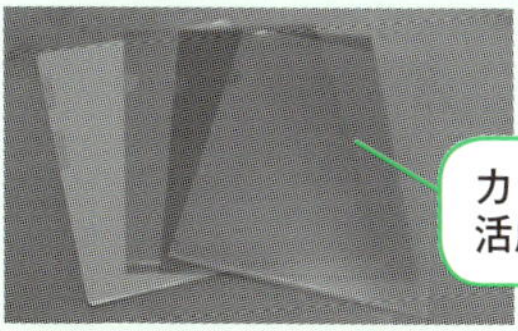

④ 一目でわかるインデックスの技術

クリアファイルのインデックス

書類の量が少ない場合はクリアファイルに挟んで保管するだけでもよいが、書類が増えてくるとそれだけでは探しにくくなってくる。そこでインデックスを付けていくわけだが、インデックスの付け方にもコツがある。

クリアファイルのインデックスは、ラベルに見出しを書いて、「内側」に貼るのがポイント。こうすることで、格段に剥がれにくくなる。見出しを貼る位置は、右上が最も見やすい。ラベルに付ける見出しは、取引先ごと、プロジェクトごと、問題別などテーマ別に分けよう。中身がわかるキーワードを書き込む際には、3つまでに留めないとわかりにくくなる。

書類のインデックス

書類自体にもインデックスは必要だ。書類の右上に、入手した時にすぐに書き込むようにしよう。

書き込む内容はこの3つ。

・入手した日付
・内容の要約
・入手状況などのメモ

これらを、書類の右上に書いておく。廃棄の目安となる期限がわかる場合は、これも書いておこう。取引先に提出する書類や、契約書類には直接書かないほうがよい。その場合はふせんに上記のポイントを記載し、それを書類に貼るようにするとよい。

ふせんを使ったインデックス

書類に要点を書き込む際に、ある程度しっかりと書き込みたい場合は、大きめのふせんに書いて貼りつけてしまおう。

ふせんには、書類の出自や使用履歴などを書き込むと、次に仕事を行う際に便利だ。書類が1枚の場合は読んでしまったほうが早いこともあるので、複数枚の書類に対してふせんを使うようにしたい。

ふせんの粘着力はそれほど強くないので、せっかく付けたインデックスが剥がれ、かえってわかりにくくなってしまうことがある。クリアファイルにふせんを貼る時は、テープで補強するとよい。日付を書き込む位の小型のインデックスを付ける場合、大型のふせんを使うのはもったいない。ふせん使いの達人は、ボトルタイプのガムに付いている「捨て紙」をふせん代わりに使っている。

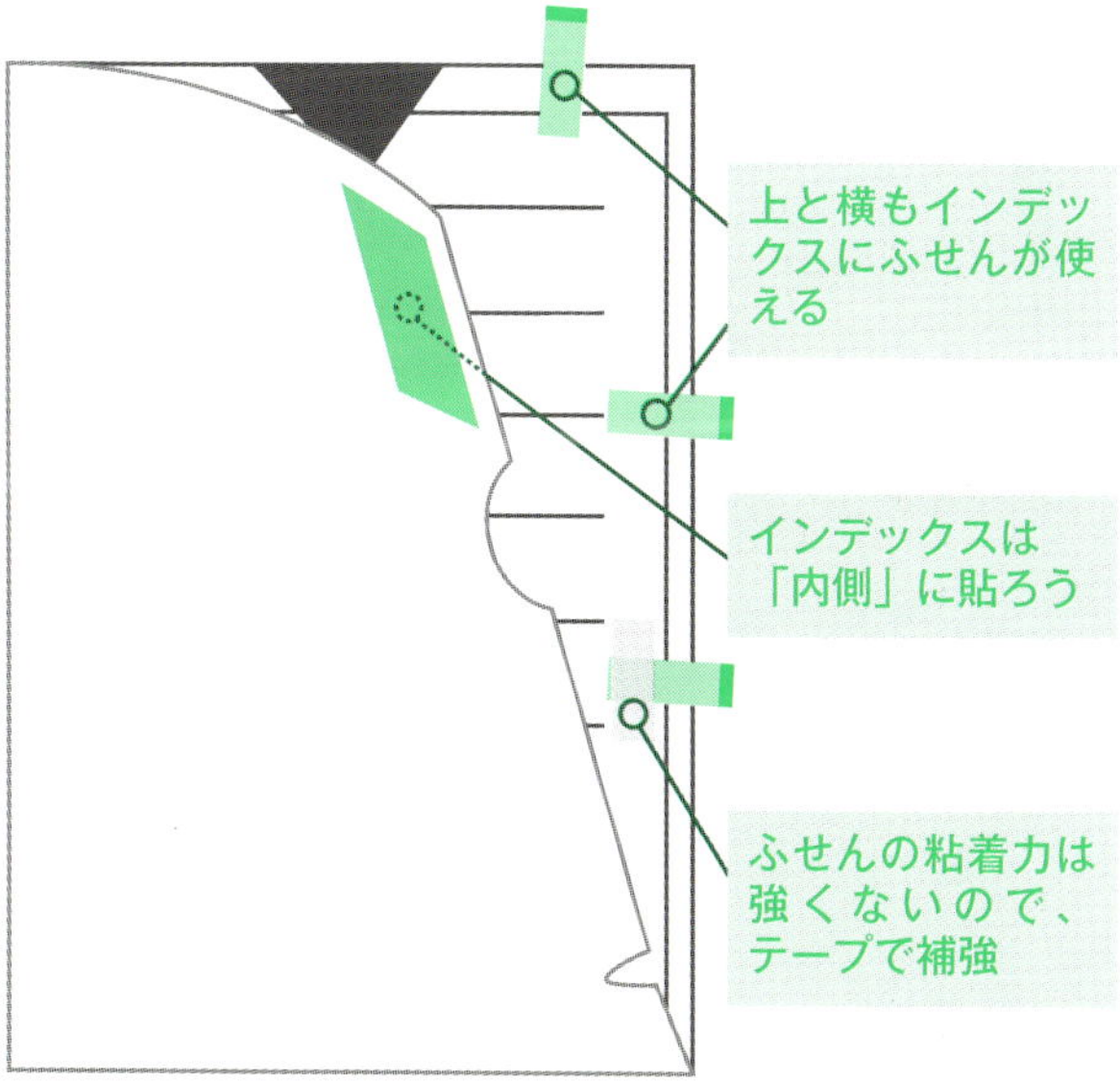
上と横もインデックスにふせんが使える
インデックスは「内側」に貼ろう
ふせんの粘着力は強くないので、テープで補強

ここがポイント！ インデックスの付け方

クリアファイルに貼るインデックスにも、書類に書きこむインデックスと同様に、３つのポイントがある。キーワードがあいまいで、インデックスの検索対象が広すぎると欲しい書類にたどりつくのにかなりの時間を要することになる。簡単で、的を射たインデックスの付け方を紹介しよう。

1 日付は必ず付ける

例えば２０１３年５月７日の場合、２０１３０５０７のように６桁の数字で表示してもいい。

2 件名を付ける

ファイルの中身が企画書なのか、見積書なのか、会議の議事録なのか、一目でわかるようにしておく。

3 キーワードや簡単な内容も

例えば企画書であれば「○○の販促企画」、出張報告書であれば「夏の大阪○○セミナー」などと書いておくと、探しやすい。

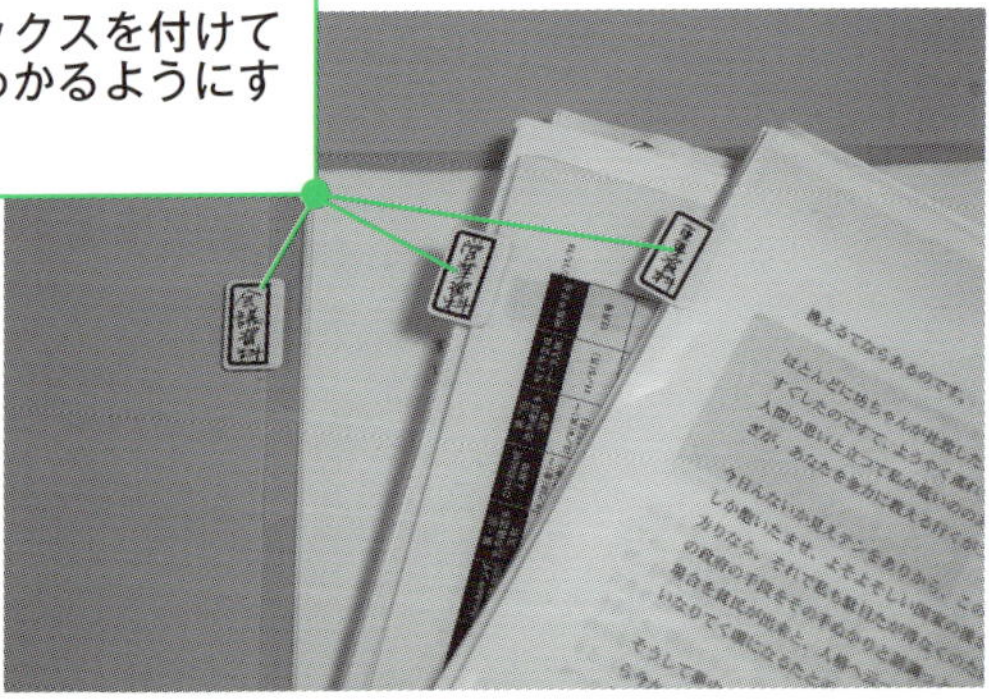

インデックスを付けて一目でわかるようにする

TIPS

ダンドリのコツ

コツは「シンプルに」ファイルの見出しの付け方

ファイルの見出しはシンプルに

クリアファイルと違って、書類を綴じるタイプのファイルは、開けてみないと何が入っているか全くわからない。そこで、背表紙にわかりやすい見出しを付けることが大切になる。

見出しは、シンプルかつわかりやすいことが1番だ。「○○部会議議事録」というように、誰が見てもわかるようにする。プラスして、保存期間を記しておくと、背表紙だけで廃棄の判断ができるので非常に便利。

背表紙に、マーカーなどで色を付けておき、保管する棚にも、同じ色を付けておく（直接色を付けずに、色を付けた紙を貼っておくとよい）。こうすれば、誰が使っても、どの棚に戻せばよいのかが一目瞭然だ。

見出しは見直してもよい

ファイルの見出しは、最初から完璧なものでなくても、見直していけばよい。修正の場合は、シールを張り替えて修正するのが最も簡単だ。剥がれにくいシールは上から貼っていこう。

ファイルの中身の入れ替えや、社内のレイアウト変更などでファイルを戻すべき棚が変わることもあるので、見出しは書き換えられるようにしておいたほうがよい。シールを張り替えて修正するのが最も簡単だ。剥がれにくいシールは上から貼っていこう。

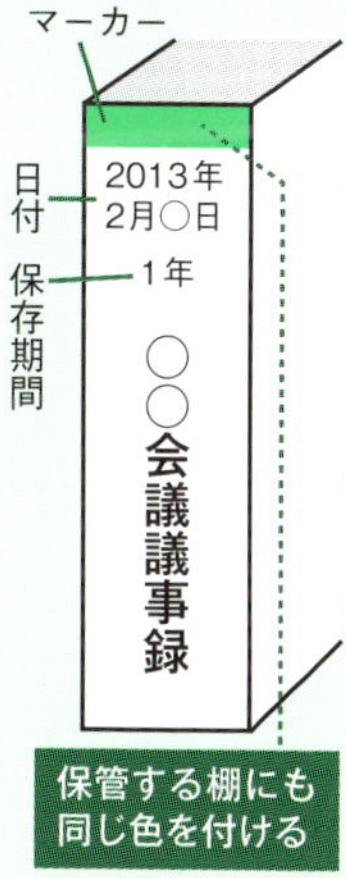

⑤ 受取ったその日に処理 名刺整理の技術 その①

☑ 受け取って、まず行うこと

名刺を受けとったら、その日のうちに書き込みをする。書き込む情報は次のとおり。

・日付／もらった日付をその日のうちに書き込む

・会った場所／自社で会ったのか、訪問先かなど

・用件／○○の営業、○○の打ち合わせなど具体的に書く

・聞いた情報や気づいたこと／趣味や出身地など、会話の中で気づいたことも書き込んでおく

これらを必ず名刺の「表」に書き込むこと。名刺の裏まで見るのは、後々大変だからだ。

☑ 似顔絵を書いておく

名刺に前項の4点を書き込むことは、基本中の基本。プラスして「メタルフレームの眼鏡」「髪が長い」など、次に会う前に、名刺を見て顔を思い出せるように特徴を書き込んでおくのもよい。ただし、保管している名刺を、第三者が目にする可能性もある。容姿に関する失礼な表現はマナー違反だ。

応用テクニックとしては、簡単な似顔絵を書いてしまうのもアリだ。特徴や雰囲気だけでも簡単に書きとめておけば、次に思い出す時におおいに役に立つ。絵の上手・下手は関係ない。自分が思い出せればよいのだから、臆せずに書いてみよう。

名刺の情報は再会時に活用する

名刺に書き込んだ情報は、次にその人にあった時に生きてくる。

例えば、大勢の人がいるロビーなどで待ち合わせる場合、一度会っていてもわからないことがある。そんなとき、名刺に似顔絵や特徴を書きこんでおけば、そうした失態を防ぐことができるかもしれない。

また、再会時の会話の間に「そういえば○○さん、最近はゴルフの調子はいかがですか」などと前回に聞いた趣味の情報を織り交ぜれば、相手は「そんなことまで覚えていてくれたのか」と悪い気はしないはずだ。

名刺に書いた情報が再会をスムーズにし、ビジネスチャンスを広げてくれる。名刺を受取った日に書き込む、ほんのひと手間を、惜しまないことが大切だ。

●名刺整理の技術

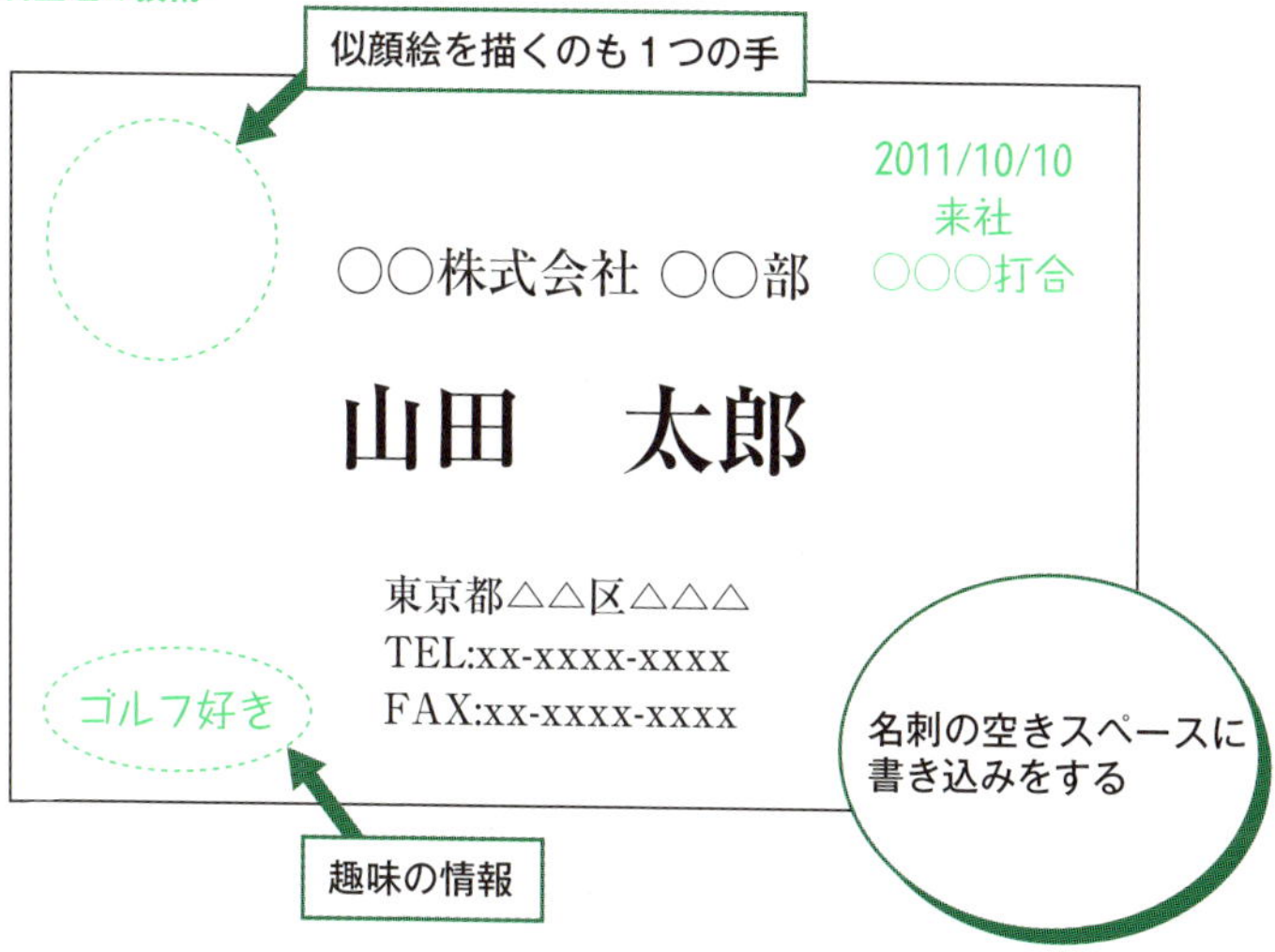

ここがポイント! その日のうちにデータ化する

名刺を受け取ったら、その日のうちにデータ化してしまおう。特に名刺をもらう機会が多い営業職は、名刺管理を日課にする必要がある。データ化しておくことで検索が楽になるばかりではなく、スマートフォンなどを使って外出先から名刺を確認できるメリットもある。

1 まずは情報を書き込む

貰った名刺は、まず情報を書き込む。

2 書き込み後の名刺をスキャンする

書き込んだ名刺をスキャンする。その日のうちに行うクセをつけよう。

3 名刺管理ソフトに入れる

フリーソフトがいろいろあるので、好みのソフトでデータを管理する。

●データ化するときの注意点

・もれている名刺はないか
・正しく入力されているか
・分類は間違っていないか
・メモ情報があれば、忘れず書き込む
・紙の名刺は一定期間保管して破棄

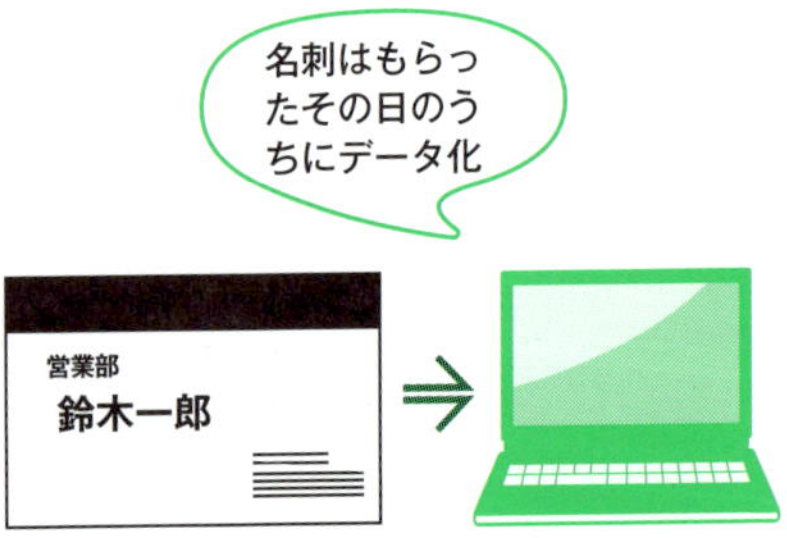

入力するよりスキャンして管理ソフトに入れてしまおう

TIPS

ダンドリのコツ

マーカーを使った名刺管理

間違いやすいポイントに印をつける

読み方が難しい名前の人の名刺には、漢字表記の下にローマ字表記がしてあることも多い。その時は、名刺にマーカーでアンダーラインを引き、次回会う時に間違えないようにしよう。

特にローマ字表記がなくても、相手は名刺交換の時に名乗ってくれるはずだ。正しい読み方を書きとめておこう。例えば、布川さんは「ふかわさん」なのか「ぬのかわさん」なのか。高田さんは「たかださん」なのか「たかたさん」なのか。

名刺交換時に聞いた発音を書きとめ忘れ、名刺にローマ字表記もない場合は、念のためEメールアドレスを見てみよう。そこに名字が記載されているケースが結構ある。

難しい名前にアンダーラインを引く

名前の表記は、正確で当たり前。名刺で正しい表記を確認し、覚えてしまおう。例えば、たかはしさんは「高橋さん」なのか、「髙橋さん」なのか。「さいとうさん」は「斉藤さん」なのか、「斎藤さん」なのか、「齋藤さん」なのか、「齊藤さん」なのか。これも、名刺にマーカーでアンダーラインを引くことで、記憶に残り、次にメールで連絡する際にも、間違える可能性を低くすることができる。

⑥ まずはざっくり整理 名刺整理の技術 その②

名刺をファイリングする

名刺のファイリングはいくつかの方法があり、それぞれに長所と短所がある。

・**50音順**／検索性がよい。反面、50音すべてが均等な分量ではなく、管理上のムダがでやすい

・**時系列順**／貰った順に入れていくだけなので、最初の手間がかからない。また、パーティーなどで一度に大勢にあった時に、時系列順の管理は記憶と結びつきやすい。反面、いつ会ったかを覚えていないと検索性に問題が生じる

・**デジタル管理**／検索性、収納性ともに最高。反面、いちいちスキャンする手間がかかる

マメな人にはデジタル管理がおススメ

どの方法でファイリングするかは、名刺をどのくらい貰うのか・配るのかによるし、性格も関係してくる。

マメな人には、デジタル管理がおすすめだ。デジタル管理は徹底してやらないと意味がないので、根気がない人、おおざっぱな人はスキャンをし忘れたり、スキャンしなければいけない名刺を溜めてしまい、それがストレスになったりするので向かない。

デジタル管理の特徴は、管理できる枚数が飛躍的に増え、検索もしやすいことだ。しかし、ＯＣＲ（自動文字認識）の精度によっては、自分で入力する手間も増える。

おおざっぱな人向けのファイリング術

自分はズボラで、デジタル管理は向かない――そんな人には、「ざっくり整理術」がおススメだ。

スキャンしてデジタル管理まではできなくても、貰った名刺をひとまず卓上のケースに入れておくくらいはできるだろう。入れる時には順番などは気にする必要はない。そのケースには、最近貰った名刺だけが入っているので、直近の仕事で使う確率が高い。しかもそれほど量が多くないので、検索もさほど手間ではない。しばらくは、そのケースだけで仕事ができるはずだ。

ただし、そのケースが一杯になる、あるいは1カ月たったら、時間をとってバインダーやホルダーに整理し直す。整理するタイミングは、書類整理と同様、量か時間で制限をかける。一杯になったら、どんなに面倒でも諦めてファイリングしよう。

ズボラな人におススメ！
ざっくり整理術
とりあえず、入れるだけ

ここがポイント!

ファイリングに使う道具類

名刺は他の書類や書籍類と違って小さいため、その管理には専用の道具が必要になる。どれを使うかはファイリングの方法と同様、好みや性格で決めて構わない。自分に合った道具を選ぶことで、名刺の管理がぐっと楽になる。ここでは、代表的な名刺管理の道具を紹介しよう。

1

名刺ホルダー

名刺を一覧できる。その反面、入れ替えが難しく検索性に劣る。貰う名刺が少ない人向け。

2

回転式名刺ホルダー

多くの名刺を収納でき、検索性にも優れる。場所もとらないので、電話の横に置いておけば、よく電話をかける人には便利。

3

名刺ボックス

多くの名刺を収納でき、50音順の管理に適している。ただし、名刺をいちいち取りださないと確認できないところが難点。

求めるのは検索性か、一覧性か、収納力か

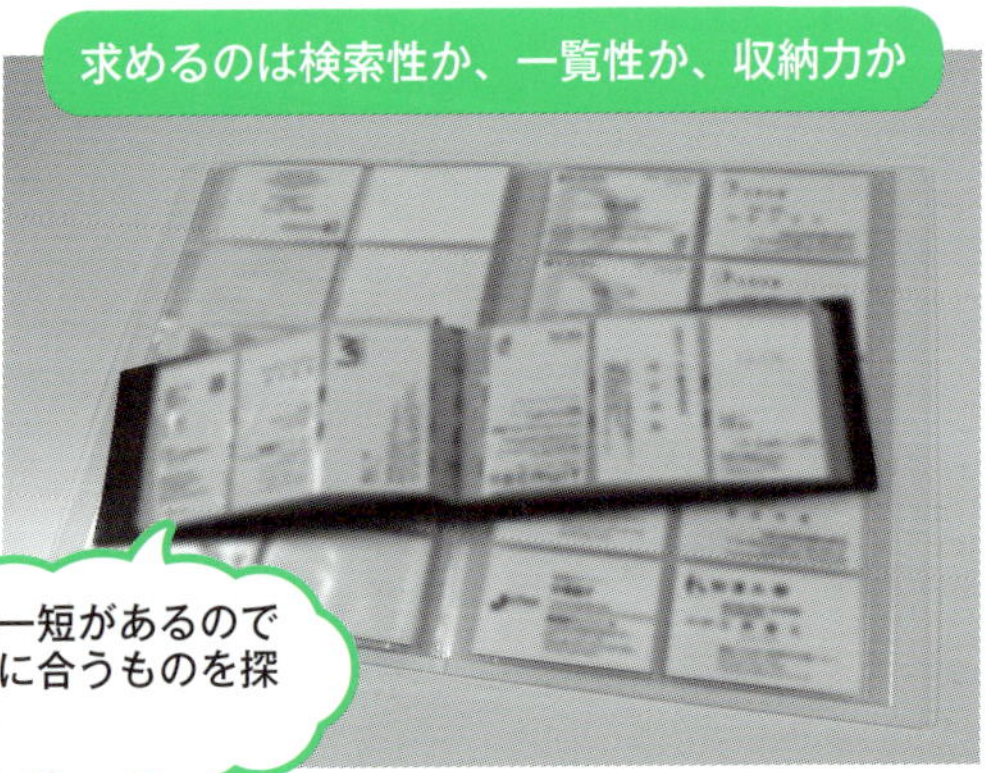

一長一短があるので自分に合うものを探そう

ダンドリのコツ

名刺を捨てるマイルールをつくる

いらない名刺はどんどん捨てる

名刺は、なんとなく捨てづらいという人が多い。しかし、名刺は仕事をすればするほど溜まる一方で、管理も大変になるだけなので、ここでもマイルールを設けて捨てていこう。

例えば、名刺管理はデジタル派というAさんは、名刺は貰ったら即スキャンし、そのまま廃棄するという。必要なのは紙ではなく情報なので、むしろ紙が残っていることが不安だという。

名刺ボックス活用派のBさんは、名刺をすぐに捨てられないという。捨てる判断基準は、「年賀状を出して、返事が来なかった人は捨てる」というもの。

他にも「顔が思い出せない人の名刺は捨てる」「1回しか会っていない人の名刺は捨てる」といったルールを決めている人もいる。

期限で区切って捨てる

おすすめのルールは、期間で区切るもの。例えば、顔が思い出せない、1回しか会っていない人の名刺をまとめて、日付を入れる。半年、1年と期限を決めて、期間内に使わない名刺は捨てるというもの。

こちらは顔を忘れていても、相手は覚えていて連絡してくることもある。そうした場合に備えて、猶予期間を設けるやり方だ。

ただしこれはひとつの方法で、必ずしもこれがベストな方法というわけではないので、自分なりのルールを確立してほしい。

⑦ もらったらすぐ始動 領収書、FAX、郵便物の整理

☑ 領収書、FAX、郵便物の整理

領収書はそれぞれサイズが異なるため、意外と管理しづらい。領収書管理のポイントを紹介しよう。

・すぐに財布から出す

財布に入れっぱなしにしておくと、レシートと一緒に捨ててしまったり、破損したりする。その日のうちに財布から出そう

・クリアファイルに入れる

領収書は裏面に、内容や用件を記入し、日付順に重ねてクリップでとめ、A4のクリアファイルに入れておく。封筒に入れると中が見えず、封筒ごと紛失してしまう可能性があるので、必ずクリアファイルに入れる

☑ FAX書類の管理法

FAX書類の管理のポイントは、届いたらすぐに確認し、必要であれば返信するなどの対応をしてから、原本を破棄してしまうことが基本だ。

保存が必要なものは、FAX専用のクリアファイルを用意し、そこに入れていく。FAXは、バラバラのサイズで送られてくることがある。その場合はA4でコピーし、原本を廃棄してコピーを保存しておくとサイズが揃って管理しやすい。

保留するものは、通常の書類と同様に保留ファイルにまとめ、一定期間で、処理・廃棄・保存の選別をする。

郵便物の管理法

郵便物は、種類によって対応と管理が変わってくる。

・**挨拶状・お礼状**／受け取ったらすぐに返信し、保存または廃棄する。

・**年賀状・暑中見舞い**／必要なものに返信し、住所の変更などは記録してから、保存または破棄する。

・**案内状**／出欠の返信をし、催しが終了後に破棄する。

・**移転の通知状**／移転先の情報を記録した後で、破棄する。

・**DM**／目を通して、基本的には破棄。

郵便物は、どうしてもとっておきたい大事な手紙以外は、一定期間で処分する。専用ボックスなどにまとめておき、年に一度まとめて処分するのが楽だ。

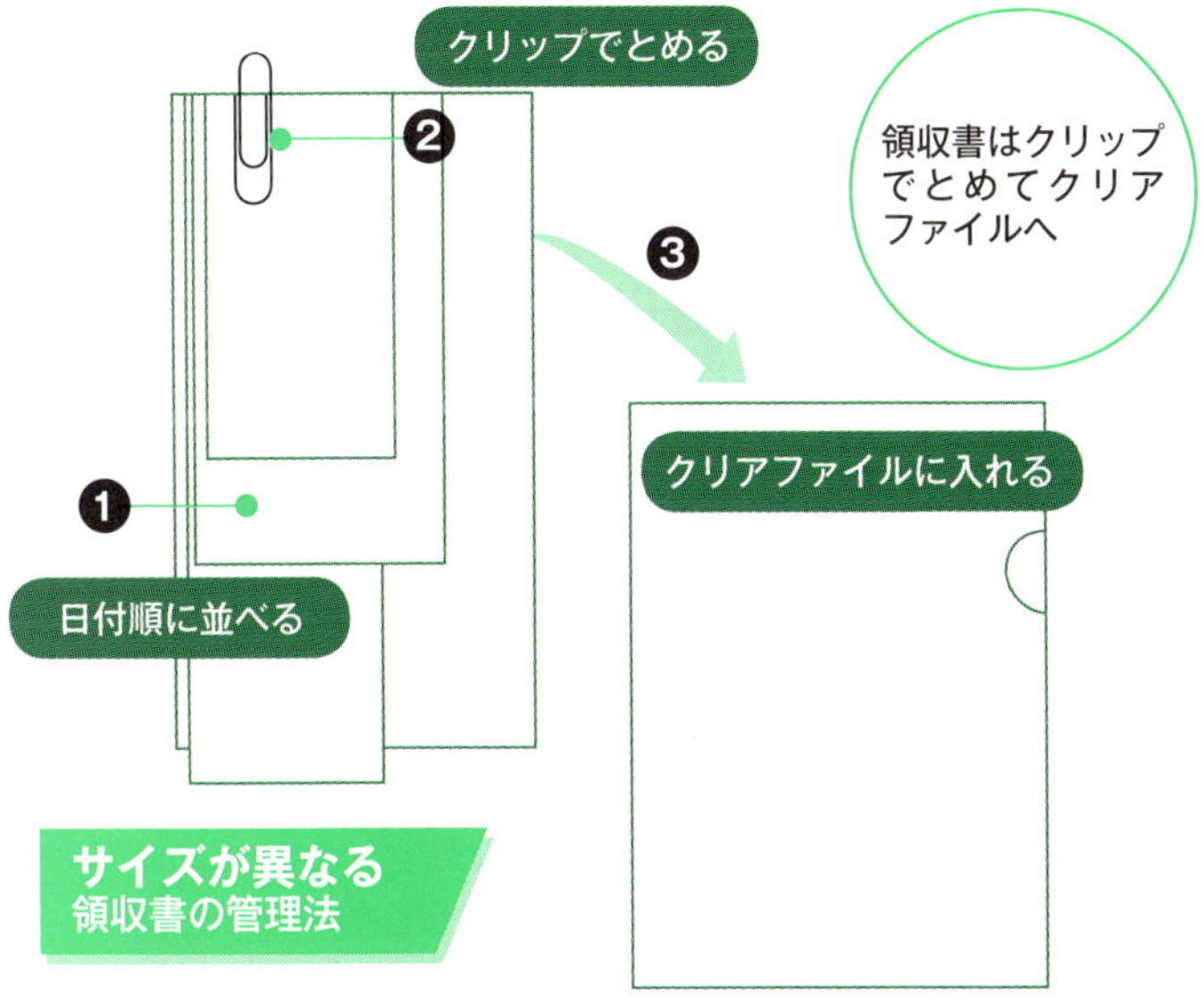

ここがポイント！

FAXの落とし穴

現在、ビジネスシーンにおける連絡手段としては、Eメールが主流になりつつある。FAXは以前に比べて使用頻度が少なくなっており、そのため、人によっては扱ったことがないということもある。FAXの馴染みがなくなってきている今だからこそ、FAX管理上の注意点を改めて確認しておこう。

1 書類を紛失しやすい

ＦＡＸは、受信に気づいた人がデスク上にぽんと置いていきがちで、他の書類より紛失の可能性が高い。机の上に「受信ボックス」を用意するなど対策を立てよう。また複数枚送られてきた場合は、すべて揃っているか必ず確認しよう。

2 緊急度の確認

本来、急ぎの用件にＦＡＸは向かない。ただし、相手が送る手段をコントロールできないので、届いたらすぐに緊急度を確認する。

3 内容の確認

ＦＡＸで届いた書類を放置しておいて後から確認したところ、文字がつぶれて読めないところがある……しかし、今さら先方に確認できない――そうならないように、届いたらすぐに確認する必要がある。

FAXは届いたらすぐに内容を確認

TIPS

ダンドリのコツ

つい面倒になる交通費の管理法

手帳を使って管理する

交通費の管理のポイントは、移動し終えたらすぐに記録すること。それには常に携帯している手帳を活用するのがよい。

手帳のスケジュール欄には、外出予定が書いてあるはずだ。その周辺の空欄にかかった交通費を記録しておく。領収書などがあれば手帳にはさんでおこう。

また、会社から交通費のフォーマットが決められている場合、それを手帳にはさんで常に携帯しておく。移動の度に、フォーマットに直接書き込むようにすれば、後から書き写す手間が省ける。とにかく交通費を管理するポイントは、記録をクセづけすることだ。

携帯電話で管理する

携帯電話も、交通費の管理に使える。方法は簡単で、移動し終えたらかかった交通費を自分宛てにメールしておくだけ。あとでそれを取りまとめれば、清算漏れを防ぐことができるはずだ。

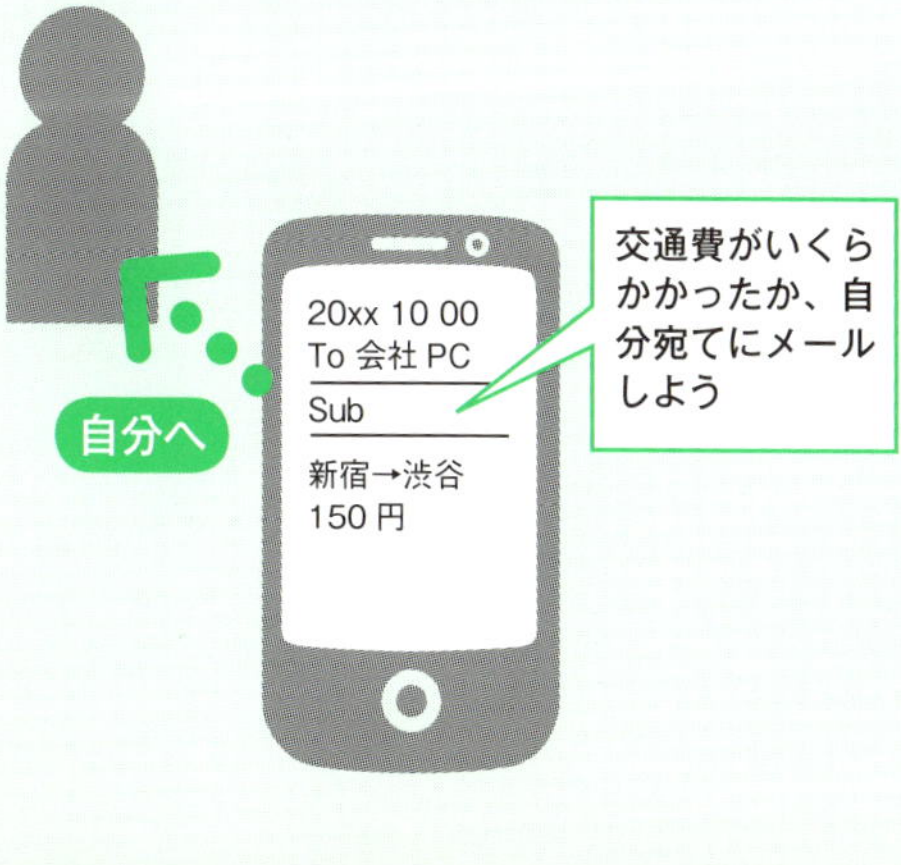

8 使用頻度で仕分ける 文房具の整理

気がつくとたまっている文房具

日々仕事をしていると、文房具が溜まっていっていることに気づくだろう。インクが無くなったのに交換せず放置されているボールペン、必要以上にストックしてあるメモ用紙などは、早急に処分してしまいたい。文房具収納のコツは、必要なものだけを持つことと、使用頻度で置き場所を決めることだ。

どれが必要な文房具か、判断できないという人は、リストを作ってみるといい。書く文具、消す文具などの大分類から、ボールペン、蛍光ペンなどの中分類、黒、赤などの小分類と分けていき、使用頻度を書き出してみよう。必要なものがわかるはずだ。

使用頻度で置き場所を決める

文房具の使用頻度は職種によっても異なるが、黒ボールペンは毎日使う、カッターは週に1度使う、シャープペンの替え芯は2週間に1度しか使わないなど、意外と使用頻度に差があるもの。あまり使わないものは個人で持たず、使う度に共有から借りてくるのも1つの方法だ。手間がかかるようだが、文房具の整理ができて毎日探す手間が省けるなら、そのほうがいい。

机の上	毎日使うもの
一番上の引き出し	2～3日に1回使うもの
2番めの引き出し	1週間に1回使うもの

文房具も立てて保管する

書類と同様に、文房具も立てて保管したい。その際のコツは、高さに合わせて収納すること。短いボールペンの替え芯と、それより長いペン、とても長い定規などが1つのペン立てに入っている状態は、かなり使いにくいはずだ。

ペン立てを、あまり高さのないペン用、少し高さのあるハサミや定規用というように、複数を使い分けよう。文房具の整理名人は、引き出しの中にも仕切りを作ってペン立てやボックスを上手く収納し、そこに文房具を立てて保管している。

消しゴムや輪ゴムのように立てられないいっものや、クリップやホチキスの針のように小さな文房具は、小物を入れるための収納箱を用意して、箱ごと引き出しに入れてしまおう。

●デスク上で上手に整理

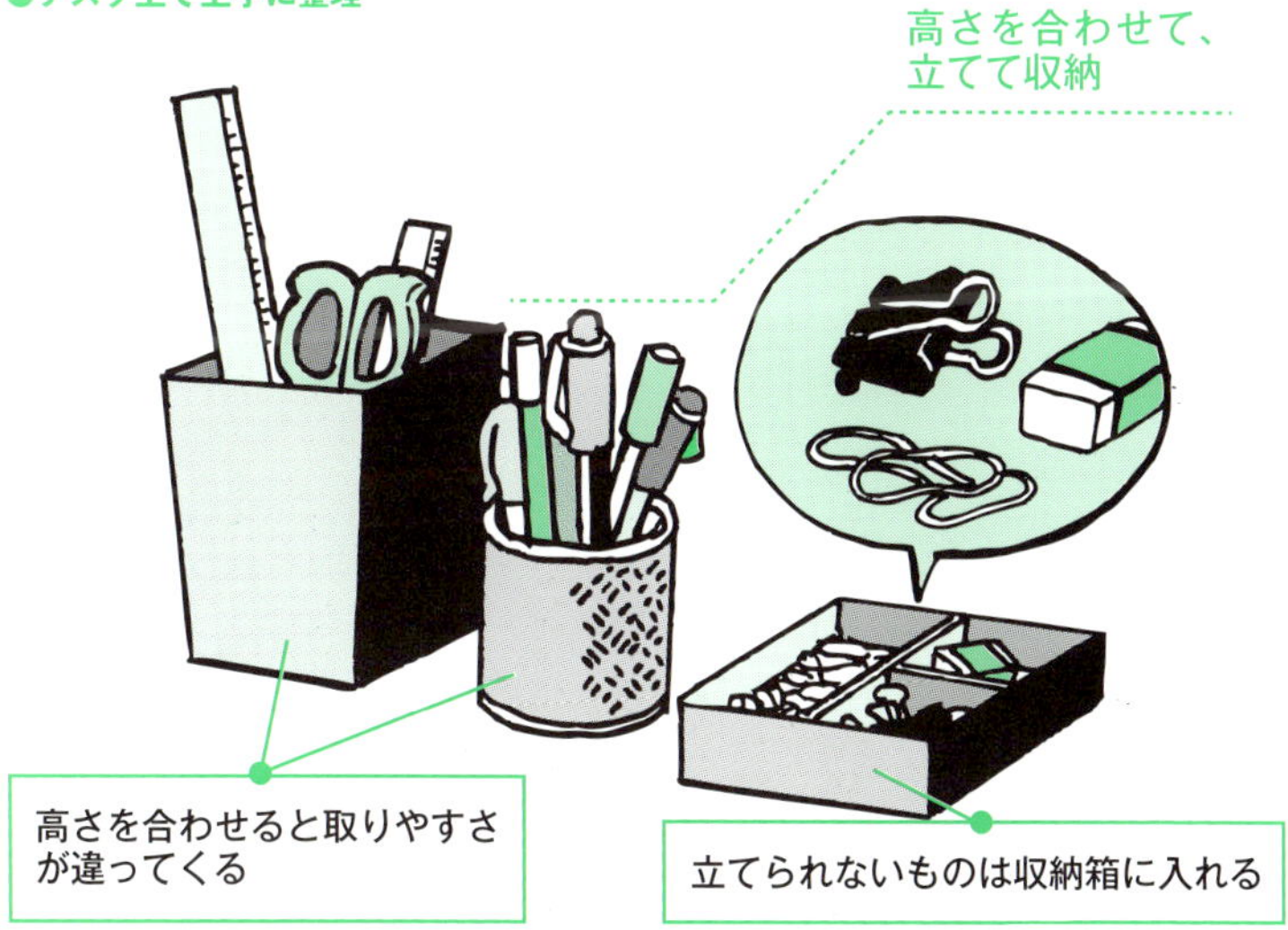
高さを合わせて、
立てて収納
高さを合わせると取りやすさが違ってくる
立てられないものは収納箱に入れる

ここがポイント!

意外と使える!100均グッズ

自分のデスク周りを快適にするには、会社支給の収納用品だけではうまくいかないことがある。本気で仕事の効率化を図るなら、時には自腹を切ってでも収納用品を購入しよう。そんな時に強い味方となるのが、100円均一ショップ。100均グッズの賢い買い方を紹介する。

1 試し買い

100均グッズは安価でよいが、耐久性に欠けることもある。まずは100均グッズを購入し、使い勝手がよければ同種の高価なものを購入する。

2 大量買い

たくさん買っても懐が痛まないのが100均ショップのよいところ。「同じ型のボックスを色違いで複数買いたい」というような時には最適だ。

3 人前で使うものは避けよう

100均グッズは見た目が安っぽいのは仕方がない。大事なクライアントの前やオフィシャルな場で使うのは、避けたほうがよいだろう。

4 他店のほうが安いことも

ノートや消しゴムなどは、文具店の方が安いこともある。何でも安いと思いこまないこと。

TIPS

ダンドリのコツ

文房具に関するストレスを減らす

消耗品をストックする

いざ使おうとしたら、ボールペンのインクがでない！　こうなると仕事は中断され、余計なストレスになる。文房具は溜め込まないのが鉄則だが、消耗品に関しては最低限のストックを切らさないようにしよう。ただし、劣化する可能性があるものは大量にストックし過ぎないように注意する。

ペン、テープ、ホチキスの針などは常にストックし、およその残量を把握しておくこと。これもリスト化しておくと間違いがない。

必要な文房具を入れた専用バッグ

フリーアドレスやノマド的な働き方をしている人は、必要な文房具を常にまとめて持ち歩く必要がある。何かが足りないからといっていちいちオフィスや自宅に戻っていては、仕事にならないからだ。

できるビジネスパーソンの場合、文房具をまとめたミニ・バッグを用意し、バッグ・イン・バッグで仕事に出かけるケースも少なくない。バッグの中にはペン、ノート等はもちろん、ハサミとのりも必ずストックしておく。アイデアを順不動で一気に書き出し、それを切り取ってノートに貼り直すときに効果的だ。

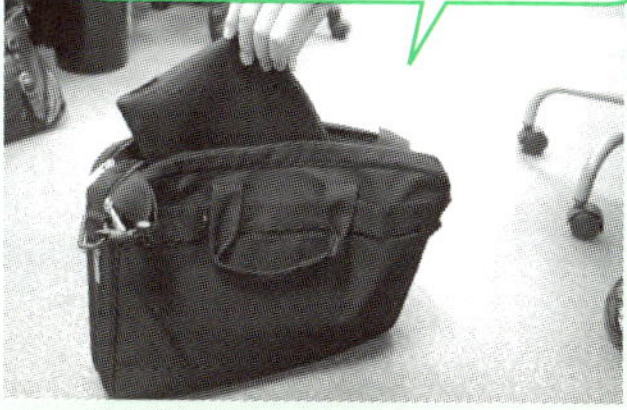

文房具をミニバックへ入れ、バッグへ収納

⑨ 集めっぱなしにせず見返す 情報の整理

☑ 情報を4つに分類

オフィスには、モノと同様に情報が溢れている。情報も、必要なものと不要なものを分け、必要なものは分類していく必要がある。

まず、情報の種類を分けていこう。次にその情報が「収集するのにどれだけの手間と時間がかかる」のかを見極める。また、その情報は、ツイッターのように流れていくフロー情報か、本や雑誌のように溜めておけるストック情報かを分けて考えることが大事だ。

つまり、「手間がかかり、保存しにくい」「手間がかかるが、保存できる」「手間がかからないが流れてしまう」「手間がかからず保存できる」の4つに分類することが大切なのだ。

●情報の4つの種類

❶「手間がかかり、保存しにくい」情報
会って聞いた話や電話で聞いた話など。これは、すぐにメモや手帳に書き留めておこう。

❷「手間がかかるが、保存できる」情報
セミナーなどの資料や講義内容。入手するのは手間だが、そこで得た資料はきちんと保存しておこう。

❸「手間がかからないが流れてしまう」情報
ツイッターやラジオの情報。これは深追いしない。下手をすれば数時間を無為に過ごすことになる。

❹「手間がかからず保存できる」情報
新聞や雑誌の情報だ。長期保存が可能なので、必要なものはファイリングしておこう。

収集力より編集力を磨く

情報は、集めるだけでは意味を持たない。集めた情報を取捨選択し、再構成し、他の情報やモノと関連付け、新しい価値を生み出す必要がある。つまり、編集力が必要なのだ。

編集力を高めていくには、情報を集めっぱなしにせず「見返すこと」が大切だ。

入手した情報を、ノートや手帳、PCに保存し、週に1回時間を決めて情報を見返し、仕事との関連を探り、新たな情報を収集する――いわば情報整理のPDCAサイクルを回すことで、編集力は高まっていく。情報を見返す日時を決めてしまうのがポイントだ。

また、見返しやすいノート作りも重要。余白を多く取っておくと、後で書き込みがしやすくなる。追加で書き込む際は、色の違うペンを使うと、さらに見返したときに追加情報だと一目でわかるので便利だ。

編集力を高めよう

ここがポイント! アナログでの情報整理

情報の収集、整理には、デジタルとアナログを併用することが大切だ。デジタルは便利だが、読みっぱなしになりがちなネットの情報などは、メモをとったりプリントしてファイルする手間をかければ、その分記憶に残り、使える情報になる。アナログ式情報整理ノートの作り方を紹介しよう。

1 気になったことはメモする

ノートに気になったことを書きこむ。その際に、日付と情報ソースも入れておこう。

2 新聞や雑誌の切り貼り

グラフや図表、写真などのビジュアルは記憶に残りやすい。気になる情報はどんどん切り貼りしよう。

3 感想や気づきを書きこむ

情報を目にした時の感想や気づきを書き込む。時間が経ってから見返すと、違う見方に気づくかもしれない。

4 定期的に見直す

忘れにくい週末に、見直す習慣をつけよう。

5 最終ページにインデックス

たくさん書き込むとノートに何を書いたかわからなくなる。最終ページに手書きのインデックスを作っておくと、すぐに見返すことができる。

ノートにもインデックスを作ろう

ダンドリのコツ

TIPS

気になる数字やニュースはすぐにメモ

数字と日付とニュースソースをメモ

情報を収集・整理する際に数字に注目しておくと、企画書の作成やプレゼンなどに役立つ。気になる記事やニュースがあったら、その数字を忘れずにメモしておこう。

例えば、「新入社員意識調査を実施『上司とのコミュニケーションが苦手』が70％」というニュースがあったら、その場で〝70％ 新人 コミュニケーション苦手〟などとメモし、日付とニュースソースを書き込んでおく。こうしておけば、後からより深く調べる必要が生じた時に、検索しやすくなる。

ブックマークの落とし穴

ネットで面白そうな記事を見つけ、とりあえずブックマークしておくことがよくあるだろう。しかし、おススメはすぐにタイトルと数字、ニュースソースだけでもメモすること。

ブックマークしたものの、忙しさにかまけて〝保存したことを忘れてしまう〟ことも、よくあるからだ。

情報はすぐにその場でメモする。このアナログな手法は基本中の基本であり、かつデジタル全盛の今でも情報収集・整理の王道だといえるだろう。ぜひ実践しよう。

海外旅行のプチブームに？

海外投資や外資預金の金利をチェック

⑩ 面倒でもきちんとカスタマイズ パソコンの整理

ブラウザを使いやすくする

ブラウザは自分用にカスタマイズすることで使いやすくなる。

お気に入りやブックマークは、ただ入れていくのではなく、ファイルの管理と同様にツリー構造で見やすくしよう。

手順は、新しいフォルダを作成し、名前を付けて、Webページのファイルを該当フォルダに移動させ、ファイルの名前をわかりやすく変えれば終了。

これで、お気に入りやブックマークがどんどん縦長になり、スクロールしないと目当ての情報が見つけられないといった事態を防ぐことができる。

ツールバーもカスタマイズ

ツールバーもカスタマイズすることで、格段に使いやすくなる。

例えばツールバー内に検索バーを置いて、良く使う検索エンジンで検索できるようにしておくと非常に便利だ。また、検索するワードを一文字入れるだけで予測してくれるオートコンプリート機能を設定しておくと、検索する時のひと手間を省いてくれる。ただし、個人で検索した内容が他者に知られる恐れもあるので、共有のパソコンでは設定しないほうが無難。

よく使うブラウザのアドオン機能で、自分なりのカスタマイズをしよう。

☑ 作業スピードを高めるショートカット

よく使うフォルダやファイルはショートカットを作ってデスクトップ上に置いておこう。フォルダの奥深くに保存しているファイルでも瞬時に開くことができるので、作業効率が上がる。ショートカットを作成すると、「○○（元のフォルダやファイル名）のショートカット」と表紙されるので、「のショートカット」の部分を削除する。元のフォルダやファイル名と同じになってしまうが、アイコンが違うので見誤ることはないはずだ。

オンラインストレージのフォルダでもショートカットは作成可能だ。例えば、進行中のデータをDropboxフォルダに保存し、オフィスのPCと自宅のPCの両方に、デスクトップ上にショートカットを作成しておけば、2か所で作業ができる上、検索が楽で、作業効率がぐっと上がる。

●整理を簡単にする小ワザ

フォルダ整理に困ったら4つに分ける

ひとまず「入り口フォルダ」「作業中フォルダ」「保管フォルダ」「一時保管フォルダ」の4つを作って、ここに入れてしまおう。

フォルダ名、ファイル名に検索文字を入れる

名前のアタマに、カタカナや数字、英字の検索文字を入れると、昇順、降順で整理しやすくなる。

「重要でない」メールだけ別に収納

メールで「これは重要ではない」と思ったら、それだけを分けられるフォルダを作っておく。これだけで手間がぐんと減る。

スタートメニューに入れる

よく使うファイルやプログラムはスタートメニューに表示。それだけで素早く開くことができる。

ここがポイント!

データ共有の約束事を守る

取引先や協力会社など、外部とデータを共有する場合は、相手のPC環境に配慮することが大切だ。ビジネスマナーとしても配慮すべきだが、何より仕事の効率が落ちてしまう。ハードディスクの容量やモニター画面はそれぞれ違う。どんな環境でも見やすく、わかりやすいデータを心掛けよう。

1 ファイル名をルール化する

ファイルの名前の付け方がバラバラだと、お互いに管理しにくい。最初に日付を入れ、続いて大分類～小分類に並べるなど、相手が整理しやすい名前の付け方をルールにしよう。

2 モニターのサイズを考慮する

自分のモニターでは楽に見ることができても、相手のモニターではスクロールしなければ見ることができない場合もある。容量の問題もあるので、画像ファイルを送る場合は事前に環境を確認しよう。

3 表組みの形に注意

横に長すぎる表組みは、ノートPCではかなり見づらい。できれば縦方向に動くほうが、見やすく、使いやすいだろう。

TIPS

ダンドリのコツ

バックアップは計画的に実行しておく

もしもに備える

パソコンの活用は、業務を効率的なものにするが、一方で、故障したらすべてが台無しになる可能性がある。そうした事態を防ぐには、バックアップをとる習慣をつけよう。

バックアップは、データを選択してバックアップする方法と、ハードディスクを丸ごとバックアップする方法がある。データをバックアップする方法は、まず、バックアップするデータを選ぶ。撮りためた画像や決算関係の書類などは長く保存しておきたいもの。これらはCD-RやDVD-Rに保存する。

作成途中の書類などは、一時的にバックアップしておけばよいので、容量の小さいUSBメモリでも十分だ。あるいはオンラインストレージ上に上げておいて、必要がなくなれば消せばよい。

辞書も忘れずバックアップ

その他、メールやアドレス帳はバックアップをとっておきたい。ブラウザにもよるが、お気に入りのバックアップをとることもできる。

また、忘れがちなのがIMEなどの辞書。自分好みにカスタマイズした辞書は、忘れずにバックアップをとっておこう。

こうしたバックアップは○週間に1回、○カ月に1回というようにルールを決めて、定期的に行うこと。バックアップをルーチンワーク化することが大切だ。

Column

締め切りを忘れる

最悪の事態を回避する書類管理

締め切りまでに余裕のある仕事は、間際まで放置されがちだ。緊急案件をこなしながら、飛び込んでくる割り込み仕事に対応していたら、余裕があった案件を忘れてしまった……。こんな最悪の事態を回避するための書類管理術がある。

「残業ゼロ」で有名な吉越浩一郎氏が提唱する「デッドライン管理」だ。そのやり方は、次のとおり。

引き出しの中に1年分の書類を管理するスペースを作り、直近の3カ月分は1日単位で、それ以降は1カ月単位で区切る。

そこに、デッドライン（締切日）を記入した書類を日付に沿って分類し入れていく。毎日、引き出しの1番手前（当日）の仕事をこなし、終わったら仕切りを引き出し奥にローテーションして、常に最新の仕切りが手前にある状態を保つ。

向こう3カ月の仕事は1日単位で管理し、中長期的な仕事も3カ月を切ったところで1日単位に変わるため、そこでアラートが鳴る仕組みだ。

この方式を採用する時の注意点は、デッドラインの設定。本当の締め切りを書類に書いていては、締め切り当日に手を付けることになる。予め余裕をもった締め切りを設定する、あるいは「着手日のデッドライン」を記入するのもよい。着手日を設定したものの、やりそびれることがなくなる。

第5章

頭と気持ちを整理する

1 思考の整理で仕事が変わる

思考の整理のポイント

業務を効率よく進めるためには、仕事の捉え方や問題解決に向けた思考法を積極的に整理する必要がある。問題解決は、基本的に以下に述べるフローで対応する。

①問題を具体化して絞り込む

例えば「ホウレンソウがうまくいかない」というだけでは、具体的には何が問題なのかわからない。「Aさんの営業目標未達の原因が上司に報告されていない」など、できるだけ具体化することで問題を明らかにする。

②問題を把握する

その問題に関する情報を定量と定性の両面から徹底して集める。集めた情報をもとに原因となったものを整理・分析する。

③解決の方向性を明らかにする

どういう状態になれば解決したといえるのか、ゴールを明らかにする。

④課題を設定する

ゴールと現状のギャップを明らかにし、何をすれば解決できるのかを明らかにする。

⑤解決策を評価する

やみくもに行動する前に、解決策が本当に有効か、現実的かなどを客観的に評価する。

フレームワークを活用する

問題を効率よく解決しようと思ったら、先人たちが編み出してきたフレームワークを活用するとよい。フレームワークとは、情報分析や問題発見によく使われる「思考の枠組み」のことで、**一定の枠組みに情報を当てはめていくことで問題点が整理されていく。**

フレームワークには、実に多くのものが存在するが、一般的に次の3つの切り口に分けられる。

- **並列型**：要素を並列に置いて考える。複雑な構造を分解して、整理するときに使う
- **時系列型**：要素を時間の流れで分解して考える
- **二軸型**：2つの軸で考える。問題が曖昧なときに2つの軸を設けると傾向がわかりやすい。

●3大思考パターンのイメージ

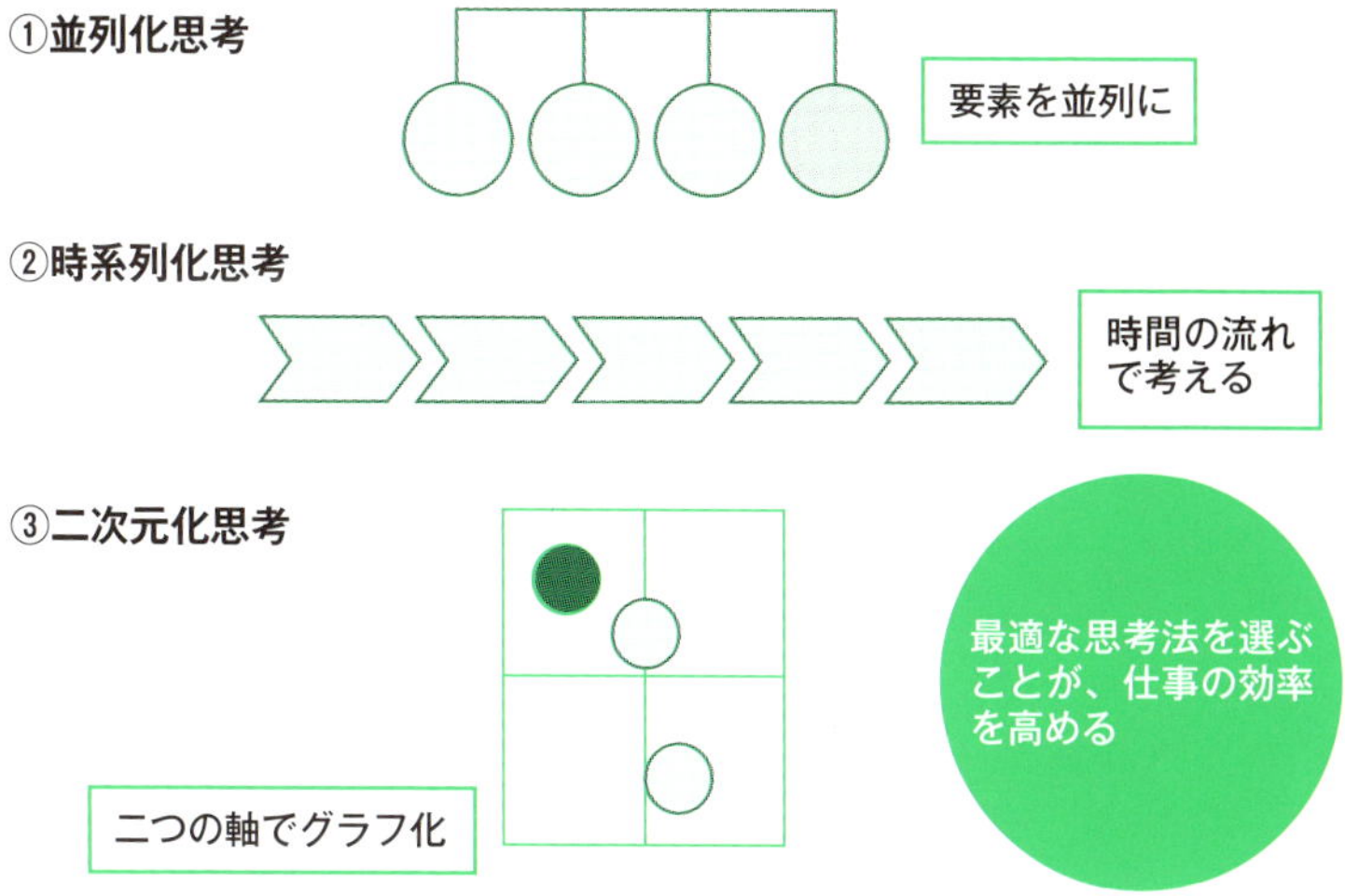
①並列化思考
要素を並列に
②時系列化思考
時間の流れで考える
③二次元化思考
二つの軸でグラフ化
最適な思考法を選ぶことが、仕事の効率を高める

並列型のフレームワーク

ロジックツリー

並列型のフレームワークは、物事を構成する要素を一定の法則に基づいて抽出する方法で、一覧化することで、全体を俯瞰することができる。また、項目を抽出する作業を通して、ヌケやモレを防止し、ダブリをチェックするという効用もある。下記のロジックツリーが代表的な存在だ。

POINT

テーマをもとに、どんどん枝分かれさせながら思考を深めていくのが、ロジックツリー。ポイントは、最初に結論や主張を置き、なぜそうなるのかを突き詰めること。ロジックツリーで提案書などを作ると説得力が増す。

■ロジックツリーの例

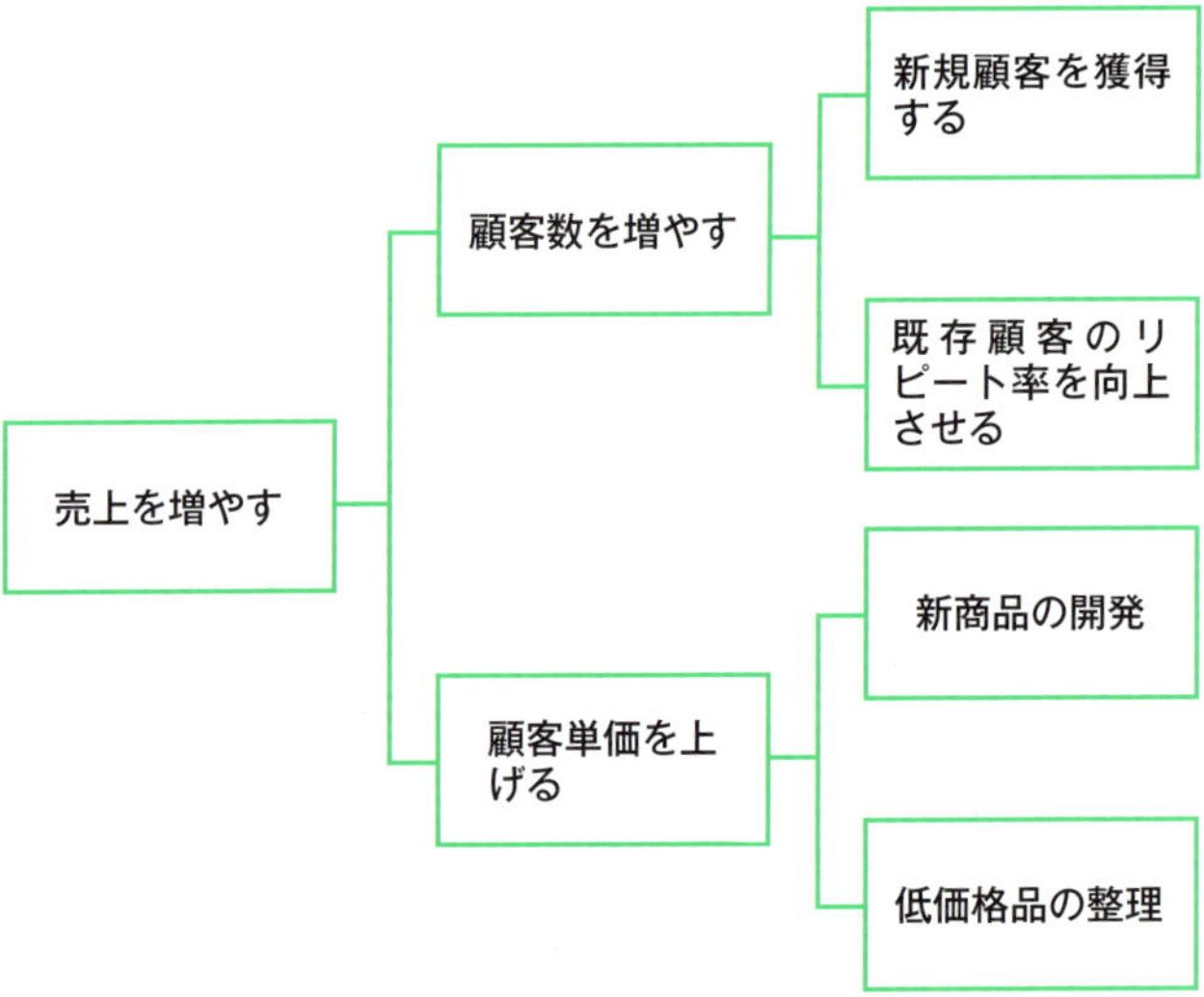

時系列型のフレームワーク

フローチャート

時系列型のフレームワークは、時間を軸にした思考術フローチャートに沿って、行動を入れ込んで物事を整理する。このタイプの例では、マーケティングで使われるAIDMA（アイドマ）が良く知られている。消費者が商品を知ってから購入に至るまでのプロセスを５つの要素に分解し、フレームワーク化したもの。

POINT

AIDMAはマーケティングでよく使われるが、フローに沿って行動や手順のプロセスを入れていけば、いろいろとアレンジが利く。業務プロセスが、時間とともにどう変化するかを整理する場合に有効だ。

■ AIDMAの例

■ AIDMAプロセス ■

	Atttention（注意）	Interest（関心）	Desire（欲求）	Memory（記憶）	Action（行動）
消費者の購買行動	商品の存在を認知する	商品に関心を持つ	商品を欲しいと思う	商品の存在を記憶する	購買という行動を起こす
提供者の販促行動	注意をうながす	関心を持たせる	ニーズを持たせる	消費者の記憶に植え付ける	購入してもらう
販促施策の事例	イメージ型マス広告	説明型広告	無料試用キャンペーン	定期DM メルマガ	販売員による勧奨

二軸型のフレームワーク

マトリックス

二軸型のフレームワークの代表は、マトリックスだ。テーマに沿った切り口を多数洗い出し、その中から重要だと思われる切り口を２つ選び出して、縦軸と横軸に据える。この型で有名なものは、緊急と重要のマトリックスだ。仕事の優先順位づけなどに最適なフレームワークである。

POINT

マトリックスは、問題点を絞り込む時に有効な方法。テーマが大まか過ぎる時には、２軸のマトリックスを使って大事なものを洗い出し、解決すべき課題を絞り込んでいくとよい。対角線上にある領域同士を対比させて考えてみよう。

■緊急と重要のマトリックスの例

重要度 ＼ 緊急度	高	低
高	【第一領域】（＝憂い） ・やらないと大きな損失が生じること 例）危険や問題、トラブル…	【第二領域】（＝備え） ・自分の将来へ向けて“備え”となること 例）勉強、健康、計画…
低	【第三領域】（＝穀潰し） ・無意味なのにやらなければならないこと 例）電話、接待、雑事…	【第四領域】（＝憂さ晴らし） ・楽しいだけで後には何も残らないもの 例）TV、ゲーム、雑談…

ここがポイント！

その他のフレームワーク

ビジネスの現場では、並列型、時系列型、二軸型以外にも、さまざまなフレームワークが使われている。なかには、問題を整理するよりも発想を広げるために用いるフレームワークもある。フレームワークのパターンを習得し、状況に応じて使い分けができるようにしたい。

1 サイクル型

プロセスの循環によって質を高めるもの。PDCAサイクルが有名だ。

2 サテライト型

「企業の3つの柱」など、複数の要素の相互の関係を明示する時に便利な型。

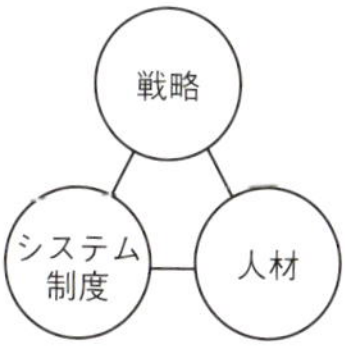

3 チェックリスト型

思考や行動にモレがないように確認するためには、チェックリストを活用するとよい。

- □ 転用
- □ 応用
- □ 変更
- □ 拡大
- □ 縮小
- □ 代用
- □ 置換
- □ 逆転
- □ 結合

4 拡散型

発想を自由に展開したいときは、柔軟にアイデアを拡散できるタイプのフレームワークを活用しよう。

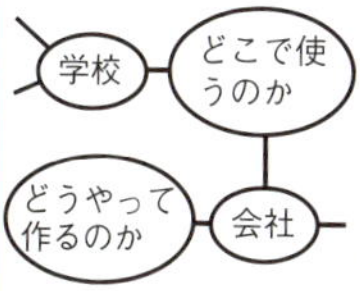

② フレームワークでアイデアを生み出す

ブレインストーミング

アイデアを出すためのフレームワークの代表的なものに、ブレインストーミングと呼ばれるものがある。会議などでよく使われる方法で、4つのルールがある。

・質より量を優先する
・他者の発言の批判をしない
・自由奔放でよい
・他者の意見に便乗してよい

テーマを具体的に決めたら、全員で次々意見を出していく。発言はすべて要約して記録し、一定時間続けたら（例えば1時間とあらかじめ決めておく）、独自性と実現性の両面から評価をする。

ゴードン法

ブレインストーミングができるだけ具体的なテーマからアイデアを出していくのに対し、ウィリアム・ゴードンが開発したゴードン法は抽象的なテーマからアイデアを出していく。

ゴードン法の進め方は、リーダーだけが本当のテーマを把握しておき（例えば『時計』）、メンバーには抽象的なテーマを与え（例えば『計る』）、自由に意見を出し合うよう促す。リーダーは『時計』に関係する意見が出るようメンバーを誘導し、記録をとって1回目の会議は終了。2回目の会議で本当のテーマを明らかにし、初回の会議のアイデアを活用して発想していく。

NM法となぜなぜ5回

日本人が考えだした有名な発想法がある。創造工学研究所所長の中山正和氏が考案したNM法で、缶ビール等のプルトップのアイデア等に使われたという。進め方は次のとおり。

1. キーワードを設定する（KW）
2. 類似を発想する（QA）
3. QAの背景を考える（QB）
4. テーマとQBを結び付ける（QC）
5. QCから解答を導く

テーマの持つ特性が似ているものを探し、そこから発想していくため、取り組みやすい。

さらに簡単なのがトヨタ自動車の生産現場で生みだされた「なぜなぜ5回」。これは、あるテーマの原因について考え、その答えの原因をさらに「なぜ」と問うことを繰り返しながら解答にたどり着く。

なぜなぜ5回 の例

生産ラインで間違ったネジが取り付けられた

↓ なぜ

隣にあったネジをつけた

↓ なぜ

取ってから確認していなかった

↓ なぜ

作業手順になかった

↓ なぜ

これまでミスがなかった

↓

……と続く

NM法 の例

缶ビールのプルトップ開発

KW 缶のフタがパクリと開けばいい

↓

QA 他の分野でパクリと開くものはないか

・火山はマグマが集まって爆発して開く
・天の岩戸は男たちが岩を動かして開けた

↓

QB 問題を解決するにはフタに切れ目を入れておいて、必要なときに力を加えると開く

ここがポイント! アイデアを書きとめて逃がさない

ニュートンが引力を発見したのは裏庭で、湯川秀樹博士が素粒子物理学の中間子理論の着想を得たのは夢の中だという。アイデアはどこで浮かぶかわからない。浮んだアイデアを確実にものにするため、いつでもどこでも書きとめることができるよう準備をしておこう。

1 手帳に書きとめる

いつも持ち歩いている手帳に書きとめる。

2 ふせんに書きとめる

手帳にふせんを挟んで持ち歩き、これに書きとめる。後からノートなどに貼り直すことができるので便利だ。

3 専用ノートに書きとめる

アイデアを常に求められる人は、専用ノートを作って持ち歩こう。

4 自分にメールを送る

携帯電話やスマートフォンで、外出先から自分あてにメール。PCには専用フォルダを作っておくこと。

5 音声メモに残す

ICレコーダーや、携帯・スマートフォンの録音機能を利用して、音声メモを残す。

6 メモアプリを使う

Evernoteをはじめ、無料のメモアプリがたくさんある。

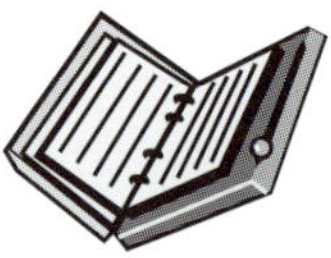

TIPS

ダンドリのコツ

ふせん100枚思考整理術

ふせん100枚分アイデアを考え抜く

物事を考えて、考え抜いて夢に見るくらいでなければ、本当によいアイデアは生まれない。では、どこまで考えれば「考え抜いた」といえるのか——これを自分で設定する。

その1つが、考えをふせん100枚に書く思考法。「100」という数字を設定することと、「書く」ことがポイントだ。

アイデアを生み出したいテーマについて、考えや疑問、思い付きなどを何でもよいので1枚のふせんに1つ、書きだす。10枚程度であればすぐにできるだろうが、100枚分書くとなると簡単ではない。日数を決めて、期間内に考え抜いて、とにかく100枚書く。書き終えたら、同じようなものをまとめて、ノートに貼る。

貼り替えながら分類する

次に、「今すぐできる」「やり方を考えれば実現できる」「誰かの手助けが必要」などと分類し、ふせんを貼り替えていく。必要であれば、グループ分けしたふせんを、線や矢印でつないでみよう。

頭の中だけでいくら考えてもつながらなかった思考の欠片が、ふせんとノートを使って視覚化することで新しいアイデアとなるかもしれない。

③「発散〜収束」の流れでアイデアや問題点を整理する

KJ法でまとめる

アイデアは、出すだけでは意味がない。出てきたアイデアを、うまくまとめていくことが大事だ。アイデアや問題点を抽出して整理するための手法として有名なのが、文化人類学者の川喜田二郎氏が考案したKJ法。進め方は次のとおりだ。

- 簡潔なテーマを決める
- 1つのアイデアを1枚のカード（ふせんでもよい）に書く
- 似たアイデアのカードを集める
- 集めたカード群にタイトルを付ける
- タイトル毎にさらにグループ分けし、模造紙に貼って作図する
- それを元に文章や意見をまとめ発表する

フィッシュボーン・チャートでまとめる

フィッシュボーン・チャートは、日本の品質管理の父と呼ばれる石川馨氏が考案したもので、本来は特性要因図と呼ばれる。特性（問題点）と要因を系統的に線で結んでいき、重要な原因を探るもので、アイデアの取りまとめにも都合がいい。

- 問題を決める
- 問題の原因になるものをすべて洗い出す
- 原因をフィッシュボーン上にレイアウトする（問題の原因を書き出し、似た内容ごとに大中小に分類して、骨にあたる部分に書きこむ）
- レイアウトを俯瞰して重要な原因を探る

アイデアを発散～収束させる

アイデアをまとめるためには、発散～収束の流れを知っておく必要がある。

まずアイデアを出す時の基本の考え方は、質より量。アイデアの良し悪しの判断はせず、とにかくたくさん出すことだ。これが「発散」の段階。次に、出したアイデアの取捨選択をし、よりよい方向にまとめていく。これが「収束」だ。どのような思考法を使うにしても、限られた時間でアイデア出しを行う以上、発散と収束の流れは意識しておきたい。会議の時間を前半30分は発散、後半30分は収束と、明確に分けておくのも有効だ。また、1回目の会議はブレインストーミングでとにかく発散し、2回目の会議でそれをフィッシュボーン・チャートにまとめて収束させるなど、複数の手法を組み合わせるのもいい。

●フィッシュボーン・チャートの例

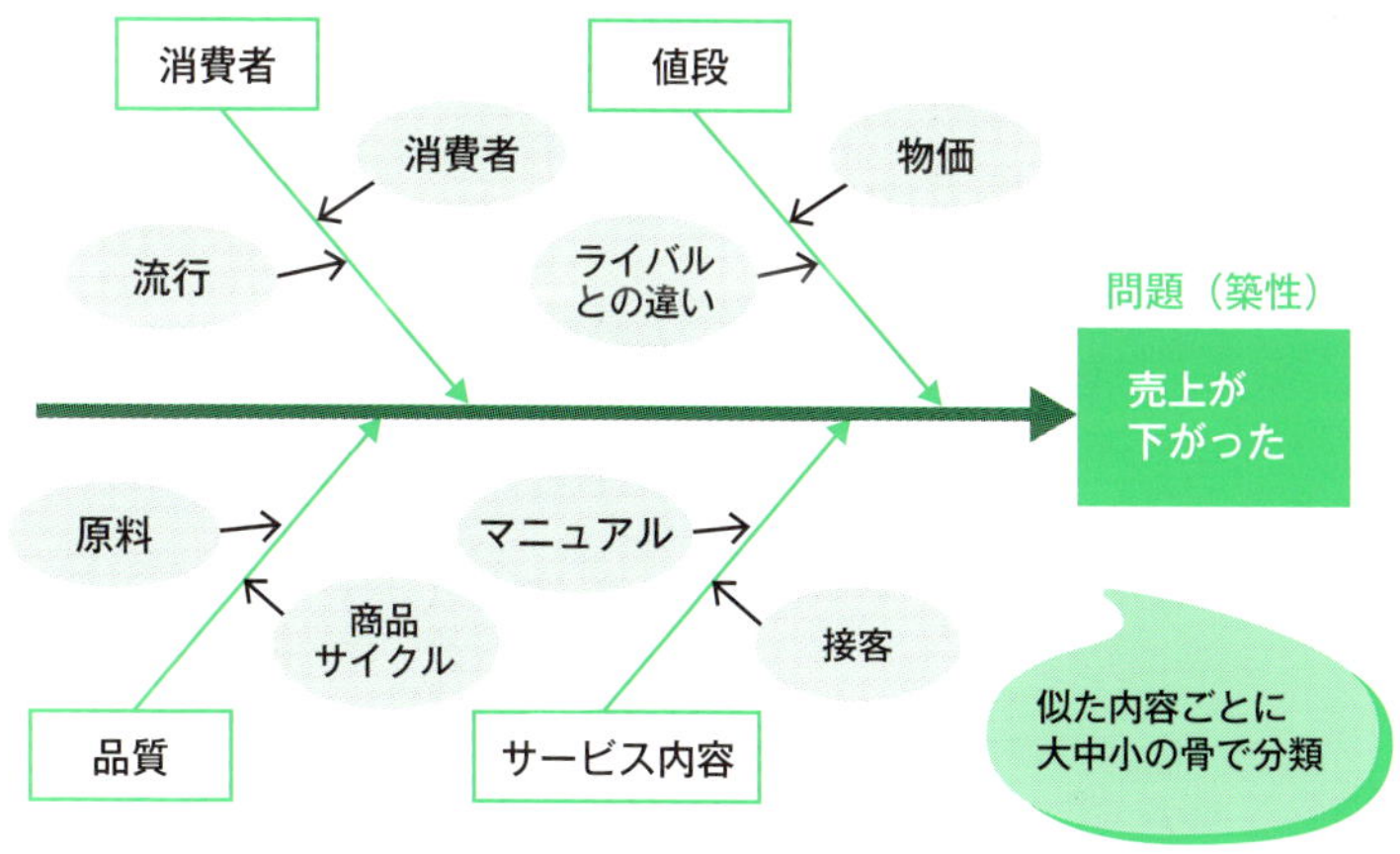

ここがポイント! アイデアをうまくまとめる方法

アイデアをまとめる方法は大きく分けると2種類になる。似通ったものを集めてそこから探っていく方法と、アイデアを時間やチャートの流れに沿ってまとめていく方法だ。どちらの考え方でまとめるかはその時の状況次第だが、まとめるための考え方をきちんと知って使い分けよう。

1 内容が似たものをまとめる

似たアイデアをとにかく集めて、そこから解決策を探る。似ているもの同士でグループ分けすることで発想の本質的なところを探り、それに優先順位をつける。代表的なものにはＫＪ法がある。

2 発想やデータの流れでまとめる

発想の因果関係の流れでまとめる。あるいはテーマや発想を時間軸でまとめる。または関連するイメージやキーワードをつなげる。フィッシュボーン・チャートやマインドマップは、その代表的なものだ。

KJ法

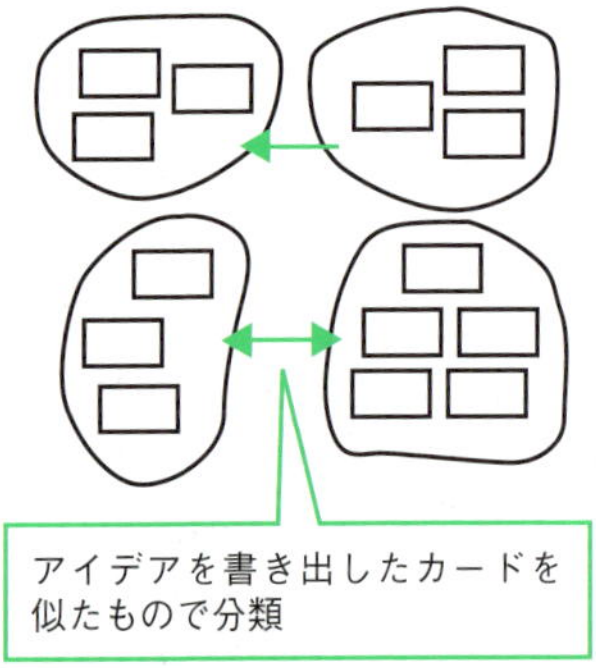

マインドマップ

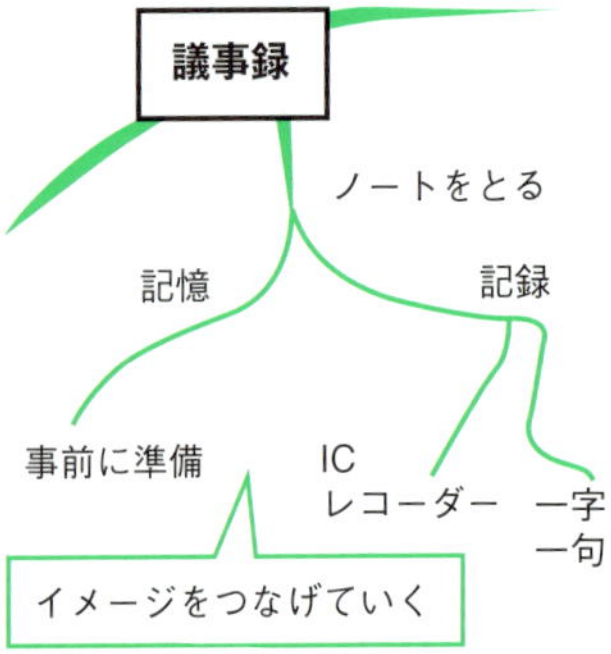

TIPS

ダンドリのコツ

なぜなぜ5回を生活に取り入れる

新聞やニュースを使って訓練

トヨタ自動車の「なぜなぜ5回」を使って、思考力を高める訓練をしよう。例えばTVで、若手社員の離職率が問題になっているとすると、その結果だけをインプットするのではなく、「なぜ離職するのか」と考える。その理由は、仕事のやりがいの問題、金銭的な問題、上司とのコミュニケーションの問題など、いろいろな理由が考えられるだろう。それらの問題はなぜ発生するのかを考える。たとえば、「やりがい」であればなぜやりがいが出ないのか、やりがいがでない原因はなぜ発生するのか……。このようになぜを繰り返しながら、情報や資料を探し、整理していく。

抽象的な原因で終えてはだめ

「なぜなぜ分析」をすると、最後は「本人の心の問題」か「仕組みの問題」に落ち着きやすい。しかし、心や仕組みなど抽象的な概念で回答を閉じてしまうと問題は解決しにくいので注意が必要だ。可能な限り、行動レベルで課題を抽出していくことが「なぜなぜ」分析のポイントだといえる。

4 ヒントは考えすぎないこと アタマの整理で仕事が変わる

考えすぎないことで効率化

いくら唸って考えても、よいアイデアが浮かばないことがある。そんな時にいくら時間を使っても、生産性は上がらない。

あれこれ考える前に、それは「考えるべき仕事」なのか、「手を動かすべき仕事」なのか、アタマを整理する必要がある。例えば、凝りに凝った社内会議の資料を作るより、優先順位が高い仕事があるかもしれない。

自分で「今は速くできないなら、今やらない」「3分考えて良くならないなら、考えない」などのルールを決めてしまおう。時には、考えないことで仕事の効率が上がることもあることを認識したい。

「考えないこと」を決める

「考えない」ことを決めるときに有効なのは、真っ白なノートを見開き単位で活用すること。具体的には、下記の点に注意して「考えること」「考えないこと」を記入しよう。

1. **左側**：考えることを記入する。その際、挙げた項目が本当に考え抜く意味があるのか、本当に成果が出るのかを考え、判断基準にしていくとよい。
2. **右側**：考えないことを記入する。考えるまでもなく行動したほうがいいことを列挙する。また、人の助けを借りたほうが早い、考えても答えが出ないことも判断基準にしよう。

☑ Getting Things Done

デビッド・アレンが提唱するGTD(Getting Things Done)という手法もある。これは、気になることをすべて紙に書き出し、「行動する」「まだ行動しない」に分類するフレームワークだ。

●行動する

2分でできる
→ すぐ処理

人に頼む
→ 連絡待ち

●まだ行動しない

→ 資料
→ いつかする
→ ゴミ箱

無理に優先順位を付けずにタスクで分けていく

「考えすぎないことで効率化」もGTDも、どちらもアタマの中のモヤモヤを、紙に書き出すところがポイント。気になることは悩む前に書き出してしまおう。

●「考えないこと」の決め方

「考え抜く必要があるか」「こだわっていることか」などを設定基準に。

考えること

- 社内コンペの企画書
→入社前からやってみたい仕事だ! しっかり考えて結果を出そう
- なぜ営業が苦手なのか?
→文章を書くのは得意。メール営業に力を入れてみよう。話すことより書くことに集中だ!

思考を整理した結果、新たな打開策が。これは「話術を磨かない」とやらないことを決めたことにもなる。

悩まないで処理すること

- 明日までに取引先に過去データ資料を作成し提出
→見せ方を工夫するよりも締め切りを守るほうが大事! 過去のありもので作成
- 上司の指示がよくわからない
→相手の頭の中を考えてもわからない。もう一度、聞き直そう!
- プレゼン資料の図がうまくできない
→パソコンの技術が未熟すぎる。テンプレートを使おう!

「考えても答えが出ない」「他者の助けを借りたほうがいい」などを判断基準に。

ここがポイント!

仕事を高い位置から俯瞰する

忙しすぎて、何から手を付ければいいかわからない——そんな時は、軽くストレッチや深呼吸をしてから、抱えている仕事の全体像をつかむようにしよう。下から見上げているだけではわからないが、上から全体を見渡せば、道筋が見えてくる。全体の見渡し方は、次のとおり。

1 進行状況を洗い出す

すべての仕事の進捗をエクセルで簡単にまとめてみる。この書き出すという行為が頭の中を整理する上で有効だ。

2 難易度を見極める

進行状況と、自分の処理能力を照らし合わせ、難易度を見極めよう。自分はどの程度やれるのかを確認する。

3 課題を明確にする

時間の制約も含めて処理が難しい案件は、「どうすればできるか」という視点で課題を洗い出す。冷静に判断することが重要だ。

4 応援を頼む

③をした上で、やはり難しい案件は、理由とともに上司や先輩に報告し、応援を頼む。上手く応援を頼めることも仕事を進める上では大切なスキルだ。

\ 仕事を俯瞰するポイント /

- **進行状況**
  ➡ どこまで進んだか
- **難易度**
  ➡ 自分に難しくないか
- **どうすればできるか**
  ➡ 何が問題か

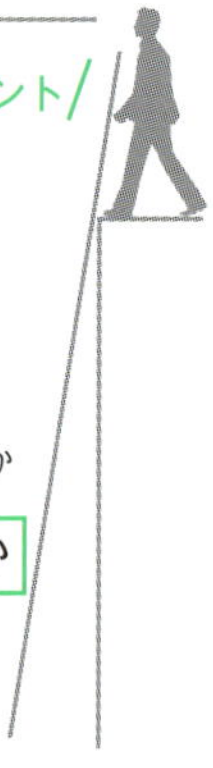

TIPS

ダンドリのコツ

仕事を客観視するため寝かす時間を作る

10時間の仕事を10時間でやらない

10時間かかる仕事を一気に10時間かけてやってしまうよりも、5時間かけて半分進め、他の仕事をやり、翌日5時間かけて残りを進めたほうが、最終的によい仕事になることがある。

これは、間に「寝かす時間」を挟むことで、仕事を客観視することができるからだ。10時間の仕事を10時間でやると、できたことだけに満足して、クオリティにまで気が回らないことがある。そうしたことを防ぐために、あえて10時間でやらずに分割し、間に寝かす時間を作るわけだ。

考える必要がある仕事に有効

仕事を半分に分けても、トータルでかかる時間は同じになる。しかし、一度寝かせたことで、内容を吟味できるし、不足している情報を付加することもできる。結果的に、10時間続けて遂行した業務よりもレベルが高くなり、修正を要求される度合いも少なくなる。この方法は特に、外部に提出する重要な企画書など、十分に考えることが必要な仕事で有効だ。

作業時間をあえて分割してみるのも時には有効だ
10時間
今日 5時間
明日 5時間
クオリティを上げることを意識しよう

5 周囲や他人と〝ずらす〟思考を身につける

あえて違う発想をする

思考パターンの基本を知った上で、あえて人と違う発想で行動することでトクをすることがある。例えば、通勤時間をずらす。通常、大都市圏では朝の8時から9時が通勤ラッシュの時間帯だ。これは、皆、「始業時間に間に合わせる」という考えで行動しているから同じ時間に通勤することになる。この発想をやめて、例えば7時半までに出社すれば、朝の時間を有意義に使える。同様に、ランチは12時に行かない。ランチタイムは年240回ある。そこで10分ロスすると、年間で40時間のロスになる。規則で決まっていれば仕方がないが、そうでなければ30分ずらしてみよう。

ずらすことで時間を作る

オフィスから遠くても始発駅の近くに引っ越すというのも同じ発想だ。例えば引っ越すことで通勤時間が今より片道20分長くなり、1時間かかるとする。しかし、毎朝40分間電車の中で混雑に耐えるだけの時間を過ごすのと、1時間座って読書や学習に使える時間ができるのと、どちらがトクか。

他にも、時間を生む「ずらしのテクニック」はある。

- ATMは24日に使う
- レストランの予約は15分ずらす
- 映画は日曜の最終回に見る
- 健康診断は年末に受ける

☑ 会議時間をずらす

他人と同じような発想で同じように行動するのは、ゴールデンウィークに旅行に行くのと同じこと。混んでいるため移動での待ち時間が多く、どこに行っても料金は高く、質の低いサービスしか受けられない。反対に、少し時期をずらすだけで待ち時間は減り、費用は安く、質の高いサービスが期待できる。ビジネスでも同じことだ。

ある会社の営業部では、いつもメンバーが忙しいため、定例会議の開始時刻がどんどん遅くなっていた。しかしある時、メンバーの一人が会議の開始時間を「朝の」7時半にずらすことを提案。これが大成功した。朝の7時半からアポイントが入ることはないため、毎週定時に開催できるうえ、朝は頭が冴えていて、よい意見が出るからだ。

暮らしの中でずらせるポイントを探す

- 通勤時間をずらす
- ランチをずらす
- 会議時間をずらす
- 休みをずらす
- 始発駅近くに住む

ここがポイント!

時間をずらすために前倒しでやるべきこと

時間をずらして人より30分遅くランチにいく——その時にランチ前の仕事をダラダラ30分長くやっていては、せっかくピークをずらしても、時間を有効に使っているとはいえない。ずらした分の時間をいかに使うか、前もって考えておこう。

1 15分ずらした時

- 提出書類の見直し
- ＴｏＤｏリストの見直し
- 会社のブログのネタを探す

2 30分ずらした時

- 本や雑誌から情報収集
- 手紙を書く
- 資料を整理する

3 60分ずらした時

- プレゼン資料をつくる
- たまった資料をファイリング
- 新規の企画を考える
- 中・長期の計画を考える

●時間をずらす余裕をつくるために、やらないことも宣言しよう

Not To Do リスト

- 週に3回以上、飲み会を入れない
- パーティの3次会には不参加
- 1日2時間以上テレビは見ない
- 日に3杯以上、飲み物は飲まない

ダンドリのコツ

「今日の予定」を真剣に考える

それは本当にやるべきことか

スティーブ・ジョブスの言葉に「今日が人生最後の日なら、今日の予定は自分が本当にやりたいことなのか」という有名な一節がある。これは、本当にやるべきことをやって1日を大切に過ごす、その日の行動の優先順位を真剣に考えるという意味で、時間管理のうえでも金言といえる。

人生最後の日の仕事といえば大げさかもしれないが、「今日の予定は自分が本当にやりたい（やるべき）ことか」は、常に自問していく必要がある。

「後入れ先出し」できる仕事はないか

今日のＴｏＤｏリストを、もう一度見てみよう。そのリストはただ単に「依頼された順」になっていないだろうか。先に依頼されたものは先に片付けるのは、「先入れ先出し」といって在庫管理の基本だ。しかし、仕事は納期を守る前提で「後入れ先出し」、つまり後から依頼されたものを先に仕上げたほうがいい場合がある。依頼されたばかりの仕事は、記憶が鮮明でミスや行き違いが起こりにくく、不明点がある場合も気軽に質問しやすい。精度の高い仕事がしやすいのだ。

この視点で、もう一度自分のＴｏＤｏリストを見直してみよう。優先順位が変わるかもしれない。

在庫管理

「先入れ先出し」が基本

仕事

「後入れ先出し」したほうがいいものはないか探す

⑥ 矢印や線を活用 思考をまとめるノート術

書き出すことで集中する

やるべきことを書き出して整理するために、ノートを活用しよう。後日見返して新たな情報を書き足せば、思考の流れがより明確になる。書くことで記憶力を高め、集中力もアップする。思考をまとめるノートは、こんな時に有効だ。

- ・ToDoの整理
- ・問題の解決法の整理
- ・セミナーなどの受講内容を整理

ノートは携帯性よりも書き込みスペースを優先して選びたい。できればB5以上のノートを使い、余白にどんどん書き足しをしていこう。

思考をまとめるノートの作り方

思考をまとめるノートは次の手順で作る。

①一番上にテーマを書き出す
②矢印を使い具体策を導く
③キーワードを線で結び付ける
④あとで見返して情報を追加

ポイントは、矢印や線の使い方。断片的な思考を、矢印や線でつないでいこう。双方向の場合は線、一方通行は矢印でつなぐ。

余白が多くなっても気にしないこと。ムダな使い方をしているとは考えず、大胆にページを使って書き込んでいこう。余白が多い方が、あとで見返して情報を追加するには好都合だ。

ノートを使って企画を立てる

パソコンに向かって企画を立てようとしても一向に進まない――そんな時は、ノートを開いてアイデアをすべて書き出してみよう。一度出しきったアイデアの断片を、前項で説明した矢印と線でつないでいく。最初から形になったものを生み出そうとするよりも、こちらのほうが効率がいい。

ノートを使って企画を立てる時は、図やイラストも活用するといい。そのまま企画として提出する訳ではないので、上手い・下手は関係ない。**アイデアの欠片をビジュアル化することで、イメージを具体化できる。**

ノートに企画を書きためておくと、一度ボツになった企画も再利用できるかもしれない。時が経ち、テーマが変われば、新しい情報を加えて新企画として利用できる。

●アイデアを活用するサイクル

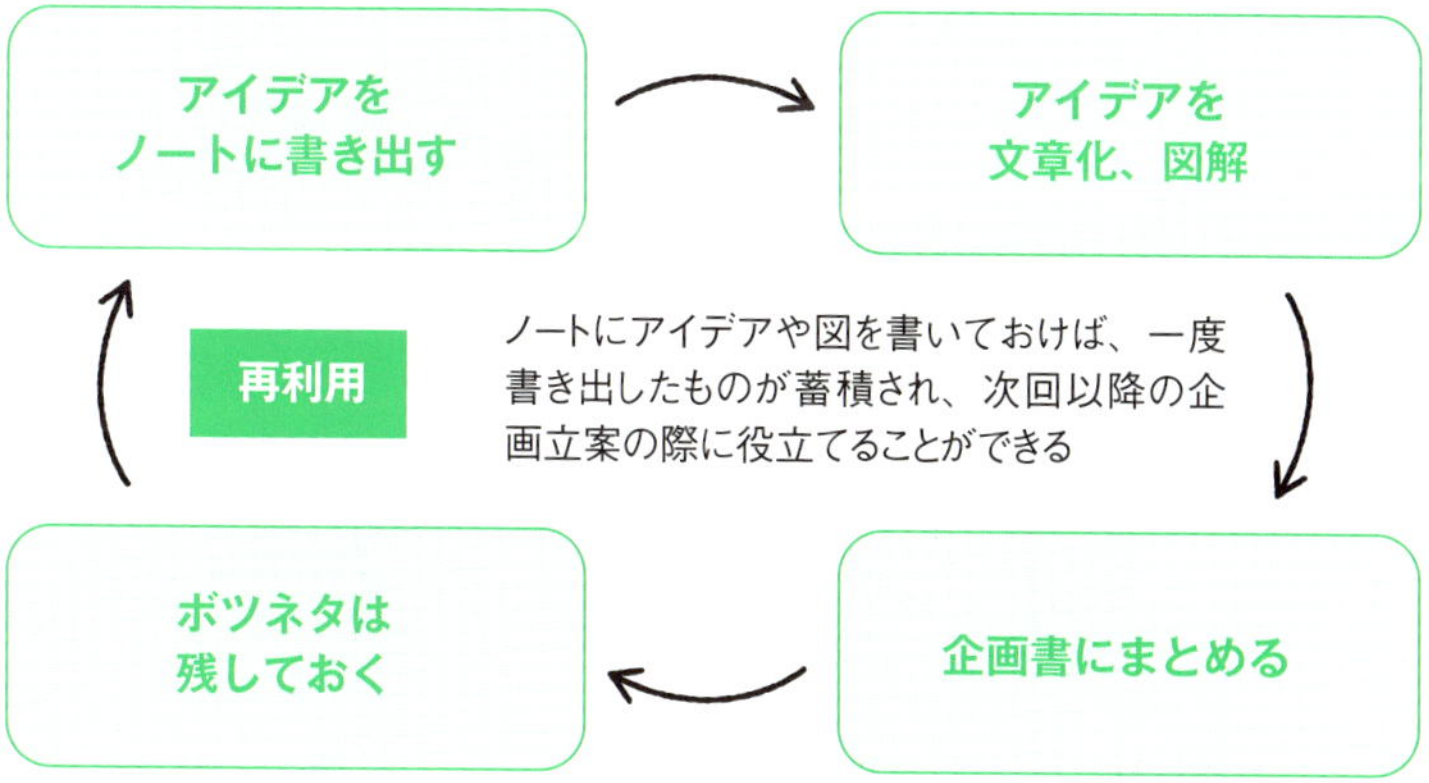
アイデアをノートに書き出す
アイデアを文章化、図解
企画書にまとめる
ボツネタは残しておく
再利用
ノートにアイデアや図を書いておけば、一度書き出したものが蓄積され、次回以降の企画立案の際に役立てることができる

ここがポイント! ノートは色分けして書く

ノートを書くときにおススメしたいのが４色ボールペン。１本あれば何かと便利だ。例えば、最初に考えたこと、次に考えたことを色分けしておけば、思考がどう流れたかが色によって一目瞭然になる。大事な言葉を色で囲めば、内容に強弱がついて整理しやすくなる。

1 時系列で色分け

最初に書いたものを黒、２回目が赤、３回目が青というように、自分でルールを決めておく。

2 重要度で色分け

後で見返したときに、最も重要だと思うことを赤、まあまあ重要だと思うことは青で囲む。そのまま寝かせて後日見れば、新鮮なアイデアが浮かぶかもしれない。

3 反対意見を色分け

思い付いたことを黒、それを阻害する要素や反対意見を赤で書く。関係性がはっきりし、考えをまとめやすくなる。

4 自分達の色ルールを作る

色分けした管理表を作成すれば、そのファイルがどこにあっても「どんなファイルか」「いつ捨てればよいか」などがわかる。

意見の色分けに４色ボールペンを活用しよう

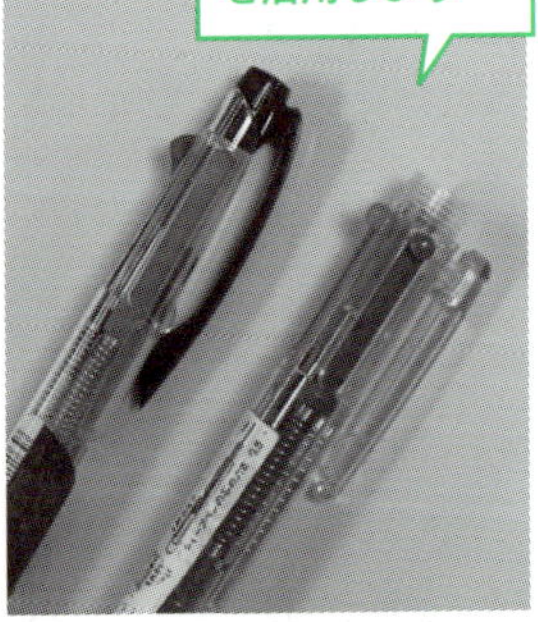

TIPS

ダンドリのコツ

図は難しくない
自分の感覚で書こう

まずは書いてみること

書き慣れない人は、図を書くことが難しそうだと感じるかもしれない。だが、図を分解してみると、実は簡単な丸や四角や線や矢印でできていることがわかる。最初から立派な図を書こうとするより、まずは書いてみることが大切だ。

ノートに単語が並んでいたら、それぞれを四角で囲い、関連するものがあれば線でつないでみよう。それだけでも、紙面に言葉が並んでいるだけの状態とは、受ける印象が違ってくるはずだ。

次は、それを余白に図としてまとめる。関係性によって、集合型なのか階層型なのかなどを考えて、つなぎ直してみよう。

上手い・下手より論理的かどうか

図は、絵画等とは違って上手い・下手よりも、論理的であることが重要だ。自分の考えをどう図に表すか、どうすれば論理的な図になるかを考えることで、思考のトレーニングにもなる。

一度書いた図を、後日見直し、必要であれば書き直してみることも、論理的な思考力を高める役に立つ。

図を書くときにはパワーポイントのSmart Art を参考にしてみよう

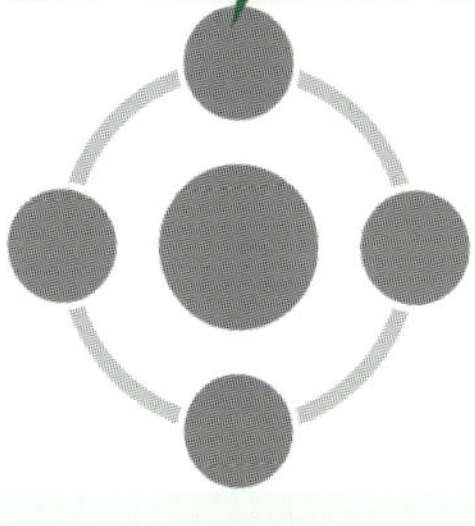

⑦ 階層構造を使ってチームの思考を整理する

図解で進める共通理解

複数のメンバーがいるチームでは、多様な考え方があって当然だ。しかし、協働して目標に臨む以上、目標を共有し、チーム全体で情報や考えを整理することも必要だ。

会議や打ち合わせで複数の考え方を共有・整理するには、図解を活用するとよい。決定に至るまでの思考の流れはもちろん、賛成と反対が視覚化できる。会議で図を生かす方法は次のとおり。

・発言順ではなく内容によって記述
・テーマとその内容を階層で分けて整理
・重要なことは丸で囲む
・関連するものは線でつなぐ

わかりやすい図の作り方

会議の意見は、全員が内容を整理してから発言するとは限らない。発言順に時系列でまとめていくと、かえって混乱するので、内容によって分けていく。大きなテーマの下に付随する内容を書き、さらにその下にタスクを書くようにして階層構造にするとわかりやすい。

関連する意見を線でつなぎ作図することによって、一見違う意見のようでも実は同じことを言っているということに気がつきやすい。

図はホワイトボードに書き出すだけでなく、ノートへのメモにも図を入れておけば会議の流れを鮮明に思い出せる。

カレンダーを共有して予定を管理

チーム全員の予定を1つのカレンダーにまとめると、仕事の進行がスムーズになる。

例えば上司の予定をカレンダーに記入しておけばメンバーは報・連・相のタイミングをつかみやすいし、上司も部下の予定を把握しておけば全体の進捗を把握しやすくなる。

大きなアナログのカレンダーを用意して、全員が見やすい位置に貼る。まず今月の目標を大きく書き込み、日付欄には罫線を引いて上下二段に分け、チームの予定と個人の予定を分けて書き込む。色分けして書くと必要な情報を拾いやすい。

スケジュール管理を重視するならデジタルがおすすめだが、目標が自然と目に入るようにして士気を高める狙いもあるならアナログがおススメだ。

●図は階層構造にするとわかりやすい

ここがポイント!

チーム力を上げるカレンダー活用法

壁に貼り出したカレンダーを見るのは、チームの者だけとは限らない。そこに目標を書き込むことは、チームとして社内に向けた宣言を行うことと同じ意味を持つ。宣言することでモチベーションも上がる。チーム力をアップするカレンダー活用のポイントを紹介する。

1 目標は太く大きくはっきりと書く

遠くからでも見えるように、極太ペンで書いておく。

2 個人目標はふせんに書いて貼る

チーム目標だけでなく、個人の目標をふせんに書いてカレンダーに貼る。人によって色を変えると誰の目標かすぐにわかる。

3 最低3カ月先まで貼りだす

その月の分だけでなく、最低でも3カ月先まで貼りだすことで、目標を中・長期で捉えることができる。3ヵ月くらいが大きめのプロジェクトの単位であり、意識もしやすい。

4 カレンダーを会議に持ち込む

会議で上がった進捗報告や行動目標はすぐにカレンダーに記載して見える化する。

5 余白の日を作る

仕事の予備日として、チームのコミュニケーション強化のイベント用として、チームの資料整理の日として、余白の日を作っておき、活用する。

TIPS

ダンドリのコツ

チームのモチベーションを高める

承認・感謝がポイント

社会や企業の在り方が変化している中で、チーム・マネジメントの在り方も変わってきている。かつては個人のモチベーションを高める源泉は「昇進・昇格」だったが、今は「承認・感謝」に変わってきている。

会社が決めた人事規定以外の評価である承認や感謝をメンバー同士で行うチーム作りが必要だ。マネジャーはもちろん、チームの全員が互いを成長させることがポイント。「トピックス・メール」や「ほめほめカード」は、その仕組みづくりの好例だ。

○○さんは
ここがすば
らしい
○○さんは
お客さんに
ここをほめ
られた

成功事例を共有、祝福

チームで情報を共有し、モチベーションを高めていこう。

サイバーエージェントが実施した「トピックス・メール」は、メンバーが仕事上で成功したこと（トピックス）を部署全体にメールで知らせる仕組み。その月のベストトピックスは社長自らが表彰し、社員のモチベーションを高めている。

また、ある美容室チェーンではバックヤードに「ほめほめカード」を貼り出している。チーム内でメンバーの良いところに気づいたら、カードに記入して、メンバーの名前を書いた一覧表に貼る。月毎にカードの枚数を集計し、各店で最も多い人が表彰される仕組みだ。

8 自分への質問術で感情を整理する

自分への質問で感情を整理する

人間は、理性を働かせながら生きる一方で、感情に左右されやすい生き物である。実際、同じ仕事をしていても、ノリがよいときと悪いときがあるし、怒りや悲しみの感情が業務の遂行を邪魔することも少なくない。業務を効率よく進めようと思ったら、自分の感情をコントロールするスキルを身につけることが大切だ。

困ったことが起きてどうすればよいかわからない時には、気持ちを整理するために次の言葉で自問してみよう。

・「(それをすることで)どんな結果が欲しいのか」
・「本当に欲しい結果は何か」
・「本当にしたいことは何か」

これらは、コーチングの基本的なテクニックだが、自分を客観視することで、感情をコントロールしやすくなる。

混乱から抜け出すスキル

脳には応答反射という機能があり、質問されると答えようとする。本当にしたいこと、本当に欲しいものを問われると、混乱状態の中でも脳は答えを探し始める。質問によって、混乱から抜け出す一歩を踏み出すのだ。

続いて、「そのためにはどうすればいい?」「何から手を付ける?」「どういう風に進める？」と自問していく。考えが整理出来たら、紙に書き出してみよう。

自分とアポイントをとって振り返る

紙に書き出したものは、感情から導き出した目標管理シートだ。これと、自分がこれまで使っていた目標管理シートを見比べてみよう。相違点があれば、それについて「本当に欲しい結果は何か」「それを達成するためにはどうすればよいか」を改めて問い直していく。

上司に指示されたことをそのまま目標として書き込んでも、達成することは難しい。感情から導き出した目標であれば、納得感を持って取り組むことができる。

目標を決めたら実行し、振り返ることが必要だが、この振り返りも快適なものでなければ長続きしない。プランが計画通り進んでいるか、自分のお気に入りの場所でゆっくり振り返ろう。「自分とのアポイント」を手帳に書き込んでおくといい。

●自分への質問で感情を整理しよう

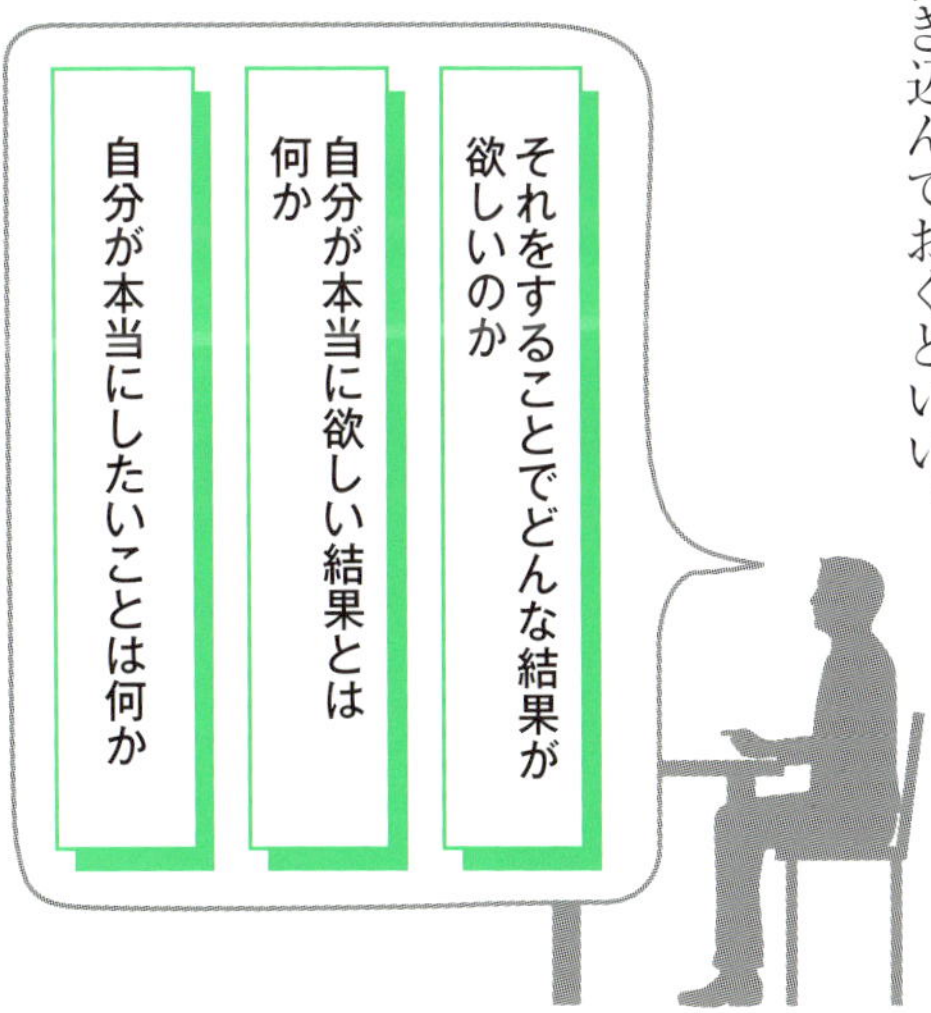
それをすることでどんな結果が欲しいのか
自分が本当に欲しい結果とは何か
自分が本当にしたいことは何か

ここがポイント!

ポジティブな感情を呼ぶ質問

仕事で行き詰った時にポジティブな感情を持ち続けるためには、自分で自分に問いかけをする。その時の質問内容や言葉遣いは、とても重要だ。自分はどんな言葉に反応するかを知っておく必要がある。困難に直面した時に感情をコントロールする質問の例を紹介しよう。

1 ここから学べることは何か？

学習しようという前向きな質問が、感情を鎮静化してくれる。

2 これの良い点は何か？

客観的に見て、良いところはないか検討する。

3 感謝できることは、何か？

「感謝」というポジティブなキーワードを含む質問で、心を落ち着かせる。

4 いまできることは何か？

最善策を探ることで、混乱の中でも落ち着きを取り戻すことができる。

ダンドリのコツ

TIPS

毎日の感情を整理する習慣

朝の感情整理

1日の始まりと終わりをうまく使えば、感情の管理を習慣化できる。

まず、朝起きたら日光を浴び、起床後2時間以内に食事をとる。これによって身体のリズムがリセットされる。健やかな身体のリズムを保つことが、感情管理のうえで大切だ。

朝にやっておきたいこと

・声を出す
・エクササイズやストレッチをする
・呼吸を整える
・鏡の自分を見る

朝起きてすぐに声を出すことで、自分の口から出た音声が鼓膜や骨を振動させ、意識を覚醒させる。1日はスタートこそが最も大切だ。

夜の感情管理

トリプトファンというアミノ酸の一種が脳に運ばれると、脳内でセロトニンという物質の原料となり、精神の安定や睡眠を健やかに保つ。これは豆乳や乳製品に豊富に含まれている。就寝前にホットミルクが睡眠の質を高めるといわれるのは、そのためだ。

就寝前にやること

・入浴
・ストレッチ
・呼吸を整える

などを行い、リラックスした状態で就寝しよう。

9 日記を書いて心を整理する

自分を客観視する日記

仕事ができる人は皆、客観的な視点を持っている。それを身につけるためには、日記を書くことが有効だ。日記を書くときは、次のポイントに気をつける。

①要点を絞る

客観的な視点を身につけるための日記だから、あれもこれも書くのではなく要点を絞る

②毎日書く

一朝一夕に客観的な視点は身につかない。毎日日記を書いて、振り返りを習慣化する必要がある

③急がない

日記を付けた成果が出るのは先のことだ

日記に書くこと

日記を書けといわれても何を書けばいいのかわからないという人は、次のようなことを書いてみよう。

・考察や感想

仕事をしていく上で感じたことを端的に書きとめる

・仕事に関する情報

仕事の中で何か情報を得たら、それを日記に書きとめておく

・数字

客観的な情報である数字を意識して書いてみる

ビジネスに役立てるための日記と心得よう。

ポジティブな内容にする

日記は私的なものなので、つい心の中のドロドロしたものまで書いてしまいがちだ。しかし、ネガティブなことばかり日記に書いていると、仕事に対する意欲にも悪影響を及ぼしかねない。ビジネスに関連した日記である以上、内容は努めてポジティブなものを書こう。

仕事の失敗や反省を書く場合でも、どうすれば今後は失敗しないか、対策を加えるようにする。日記は通常、1日の終わりに書く。そこでしっかりと振り返りと改善を行うことで、ミスを翌日に持ち越さずに済む。

また、後日読み返したときに事実関係を確認できるよう、主観と事実は分けて書くようにする。出来事を前向きに捉え、失敗は対策をセットで考えることを習慣化すれば、仕事に対する姿勢も変わってくるはずだ。

よい日記を書くコツ

- 努めてポジティブな内容に
- 失敗には対策を加える
- 主観と事実を分ける

ここがポイント!

3つのステップで楽に書く

ここで紹介する3つのステップを踏んで書くことで、楽に前向きな日記をつけることができる。失敗が続いてなかなか日記が書けないということもあるかもしれない。しかし、そんなときこそきちんと日記を付けることで自分と向き合うことができる。

1 その日の出来事を書く

まずは通常通り、その日の出来事を書いてみよう。失敗は失敗として、ありのままに客観的に書く。

2 無理にでも前向きに捉える

客観的な出来事に対して、主観を書き添える。ここでは、失敗は成功のもとだと前向きに捉えて書く。

3 これからどうなりたいか希望を書く

最後は、自分がどういう状態になりたいのか、希望を書く。希望は書くことによって意識され、意識されることで身体が動いていく。日記によって心が整えられた状態になる。

意識しすぎないことが続ける秘訣だ
DIARY

TIPS

ダンドリのコツ

書くハードルを下げて日記を習慣化させる

毎日の自己評価を書く

日記を習慣化するための前段階として、1日の出来事を自分で評価し、それだけを書いてみる。

評価方法は、書きやすく、また後日見直した時にわかりやすいよう、単純に3段階評価、あるいは5段階評価とする。仕事がとてもうまくいった日は5、まあまあ上手くいった日は4というようにルール化し、それを毎日付けていく。

ここで書くことは、日付と評価を表す数字のみで構わない。これ以上簡単な日記はないだろう。しかし、それでも書くためには振り返りが必要になる。日記の習慣化を阻む壁は、文章を毎日綴る苦労だ。それで悩む前に、振り返ることを習慣化してしまう作戦だ。

3行でよいから書く

評価日記が習慣化できたら、文章も書いてみよう。箇条書きでも、3行でも構わない。むしろ3行なら3行だけ書くと決めてしまったほうがいい。

とにかく日記を書くハードルを下げて、21日間続けてみる。2、3行の日記を21日間、続けてみよう。

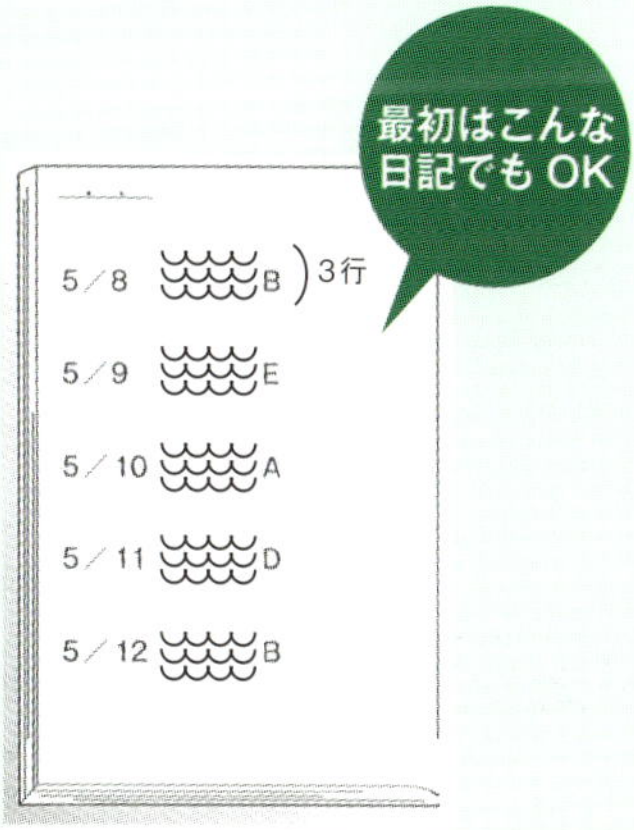

⑩「量」ではなく「質」で考える時間管理

できる人はやはり忙しい

仕事ができる人は、日々忙しくしている。「本当に仕事ができる人は、そんなことはない」という意見もあるが、実際は忙しそうに見せていないだけということが多い。

・人より多く仕事をする
・経験値が上がる
・効率よく仕事ができるようになる
・時間ができてより多くの仕事ができる
・さらに経験値があがる……

仕事ができる人は、こうした好循環にのってさらにできるようになる。しかし、どんなに効率を良くしても、やはり時間は限られている。どこかで量から質へ、切り替えなければならない。

1時間でいくら稼ぐか

仕事に使える時間が限られている以上、問題は〝時間あたりいくら稼ぐことができるか〟である。

一般的にビジネスパーソンは自分が貰う給料の3倍を稼げといわれるが、それを元に自分が稼ぐべき金額を割り出してみよう。

計算しやすいよう仮に1カ月50万円の給料をもらう人がいるとすると、その人が稼ぐ目標は150万円となる。毎日8時間、月に21日間働くとして、その人の月の労働時間は168時間。150万円を168時間で割ると、8929円。これを毎時間稼ぐ必要がある。この金額を見てどう思っただろうか。

自分の時間当たりの単価を出そう

同じ方式で、自分が1時間あたりいくら稼がなければならないか計算してみよう。数字を出してみると、「意外と大変だ」と感じる人がほとんどだろう。しかし、この数字が時間管理の基本であり、永遠のテーマでもある。闇雲に多くの時間を仕事に費やすのではなく、自分がノッてきて1番効率よく稼げる時間帯に、どの仕事を割り当てるか。そのために他の仕事をどのタイミングでどう回すか。

仕事は、成果を出せば出すほど増えていく。できる人ほど、忙しくなる仕組みだ。

しかし、「仕事を早く終わらせる」ことを目標としていては、早晩仕事は減っていく。「仕事の質を高め、時間あたりの単価を高める」ことを目標に、ダンドリ術や整理術のスキルを使っていきたい。

●働きぶりを評価されるために質を求める時代へ

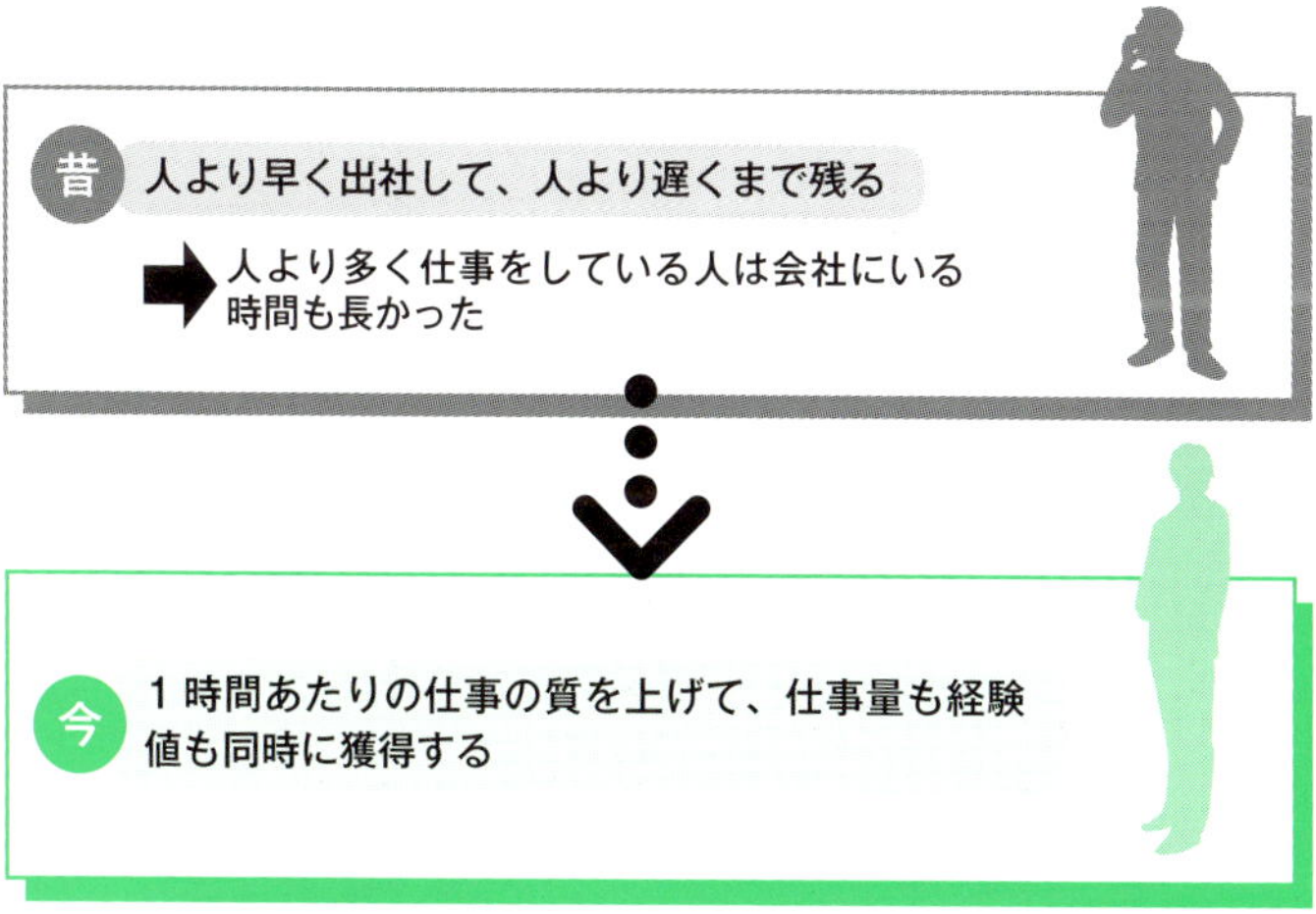
昔
人より早く出社して、人より遅くまで残る
人より多く仕事をしている人は会社にいる時間も長かった
今
1時間あたりの仕事の質を上げて、仕事量も経験値も同時に獲得する

ここがポイント!

仕事中毒に注意

ワークとライフはバランスよく、両方を充実させたい。そのことで結果的に両方がうまくいくからだ。仕事ができない人ほど、仕事のバランスを増やそうとする傾向がある。仕事をしているほうが精神的に安心な感じがするからだ。仕事中毒の危険信号は次のとおり。

1 **残業が多い**
明らかに残業が多い人は危険。

2 **他人に任せられない**
何でも自分で抱え込んでしまう人は注意が必要だ。

3 **話が長い**
話を切り上げることができない人は仕事時間も長くなりがち。

4 **なんでも仕事に絡めようとする**
よい面もあるが、切り分けてリフレッシュできないのは問題。仕事とプライベートは切り替えるクセをつけよう。

●ワークライフバランス実現のコツ

・**結果を出して定時で帰る**
人の脳は時間の制約があると活発になる。一定時間で高い成果を。

・**プレゼンテーション能力を磨く**
効率アップには顧客や同僚に必要事項を短時間で伝える技術がいる。

・**チーム内で助け合う**
お互いで助け合って、一定の成果を出す働き方をめざそう。

・**後輩の育成に励む**
いざというときのために備えて、後輩に自分の仕事を教え、チームとしてのキャパシティを広げておくことが大切。

ダンドリのコツ

TIPS

チーム全員6時に帰る制約が生産性を上げる

毎日が残業禁止

長時間働くよりも、短時間で成果を出そうという社会の流れの中で、残業を許可しない日を設ける会社が増えている。水曜日のノー残業デイを実施している会社も多い。

残業しない日を実現するためには、「残業をしないようにしましょう」という声掛け程度ではダメで、もっと積極的な取り組みが必要だ。

ある会社では、毎日が残業禁止デイ。「残業は評価の面でマイナス」とはっきり打ち出し、例外的に残業が必要な場合にも、その分を同じ月のどこかで休まなければならない。こうしたルールができる時に、真っ先に反対するのはそれによって早く帰れるはずの現場の人間だ。

制約によって生産性が高まる

その会社でも現場の人間が反対したが、トップの強い意向で押し切った。最初は不満を言っていたメンバーも、帰らなければならないと認識した後は、いかにすれば帰れるかを考え始め、仕事の見直しを徹底。マニュアル化の推進や、仕事の割り振りの効率化によって、結果的にチーム全体の生産性が上がった。また、「自分で学ぶ」風土が醸成されたという。

うまく時間の制約を設けることで生産性を高めることができるのは、個人もチームも同じだという例だ。

いかに早く帰るかを考える

↓

仕事の効率が上がる

参考文献

『仕事の整理術』
（永岡書店編集部, 永岡書店）

『[書類・手帳・ノート] の整理術』
（サンクチュアリ出版）

『「すぐやる人」の実践・段取り術』
（学研パブリッシング）

『ベストセラービジネス書の
「すごい！仕事術」』
（ベストセラーズチャンネル, PHP研究所）

『自分が変わる！ 30のダンドリ術』
（日本能率協会マネジメントセンター）

『ダンドリ・整理術 モノグサ私の方法』
（大迫秀樹, 明日香出版社）

『ダンドリ上手になる技術』
（村上 崇・北 真也・片岡義也,
日本能率協会マネジメントセンター）

『仕事が速くなる力と整理する力が、
1冊でビシッと身につく本』
（知的習慣探求舎, PHP研究所）

『一流になれる時間術』
（小松俊明, 明日香出版社）

『いつも忙しい時間貧乏をやめる
7つの方法』
（内藤忍, あさ出版）

『ソーシャル人の仕事術』
（松宮義仁, 日本能率協会マネジメントセンター）

『感情コントロールの技術』
（吉澤ゆか, 阪急コミュニケーションズ）

『段取りの鉄人』
（陳 建一, 東洋経済新報社）

『実務入門
すぐできる5S　70プログラム』
（安田賀計, 日本能率協会マネジメントセンター）

『日経ビジネス
アソシエ 2012年 9月号、12月号』
（日経BP社）

株式会社
日本能率協会マネジメントセンター（JMAM）

日本能率協会（JMA）グループの中核企業として、1991年に設立。通信教育・研修・アセスメント・e-ラーニングを柱とした人材育成支援事業、『能率手帳』を代表とするビジネスツール事業、ビジネス書籍を中心に手がける出版事業を通じて、企業の「人づくり」を支援している。
『能率手帳』は、1949年に日本で最初に時間目盛りを採用した手帳として誕生以来、60年以上の歴史を誇るベストセラーとなった。近年では、ビジネスだけでなく、人生を豊かにするためのツールとして、幅広い年代から支持されている。

〈編集協力〉株式会社アプレ コミュニケーションズ

仕事が早くなる!　ダンドリ&整理術

2013年3月30日　初版第1刷発行
2014年6月15日　　　第2刷発行

編　者――日本能率協会マネジメントセンター

発行者――長谷川 隆
発行所――日本能率協会マネジメントセンター
〒105-8520　東京都港区東新橋1-9-2　汐留住友ビル 24階
TEL 03(6253)8014(編集)／ 03(6253)8012(販売)
FAX 03(3572)3503(編集)／ 03(3572)3515(販売)
http://www.jmam.co.jp
装　丁――萩原弦一郎(デジカル)
本文DTP――株式会社アプレ コミュニケーションズ
印刷所――シナノ書籍印刷株式会社
製本所――星野製本株式会社

ISBN978-4-8207-1871-0 C2034
落丁・乱丁はおとりかえします。
PRINTED IN JAPAN